D1923088

TAROT

TAROT

Das Spiel der Inspiration und Fantasie

Texte
von
Francesca Marzano-Fritz

Aquamarin Verlag

© C.-W. Röhrig/Francesca Marzano-Fritz
Layout: Annette Wagner
1. Auflage 1993
© Aquamarin Verlag
Voglherd 1 · D-8018 Grafing
Herstellung: P & P Lichtsatz GmbH, Grafing
ISBN 3-89427-027-6

Inhalt

Gewidmet meiner Frau
Sabine Röhrig

Anstelle eines Vorworts
oder
Ein Live-Interview mit Carl-W. Röhrig

„*Herr Röhrig,* warum haben Sie ein solch schwieriges Sujet überhaupt in Angriff genommen?"

Carl-W. Röhrig: „Die 78 Tarot-Karten beinhalten 78 interessante Themen, die einen Künstler malerisch und intellektuell geradezu herausfordern. Nicht ohne Grund haben Spitzenkünstler wie Dürer, Dali, Nicky de St. Phalle und viele andere diesen Themenzyklus künstlerisch umgesetzt."

– „Aber warum beschäftigen Sie sich grundsätzlich so lange mit nur einem einzigen Thema?"

Carl-W. Röhrig: „Es ist weitaus wirkungsvoller, nicht nur ein singuläres Gemälde zu schaffen, das sozusagen beziehungslos im Raum steht, sondern ganze Themenbereiche aufzuarbeiten, durchzuarbeiten und regelrecht mit dem Pinsel zu durchdringen. Eine solche Überlegung stand auch Pate bei der *Sternzeichen-Serie,* desweiteren bei meinen *Dämonenbildern des 20. Jahrhunderts* und den *Bildern über den Verstand.* 1991/92 schließlich entstanden die *Tarot-Gemälde,* wobei ich da eine ganz bestimmte Botschaft transportieren wollte ...."

– „Während die Botschaft bei Ihren Regenwald-Gemälden und Tierbildern leicht faßbar ist, ist die Botschaft Ihrer Tarot-Gemälde nicht so leicht erkennbar. Provokativ gefragt: Glauben Sie an Weissagungen, Auguren, Vogelschauer und Zukunftspropheten?"

Carl-W. Röhrig: „Genau so sehe ich diese Serie eben *nicht.* Tatsächlich könnte ich gar nicht weiter von solchen Vorstellungen entfernt sein, wie Sie sie eben genannt haben. Das ist auch der Grund, weshalb ich die Tarot-Karten ja auch in einem ganz anderen Stil malte. Ich verstehe, kurz gesagt, darunter folgendes ..."

– „Bevor Sie die Katze aus dem Sack lassen, schnell eine Zusatzfrage: Sind die Bilder schon beim ersten Versuch so ohne weiteres aus Ihrem Pinsel geflossen?"

Carl-W. Röhrig: „Nein, erst beim dritten Anlaufversuch habe ich herausgefunden, wie ich die 78 Gemälde gestalterisch anfassen mußte. Die ersten zwei Versuche habe ich tatsächlich nach vier Gemälden abbrechen müssen. Insgesamt arbeitete ich an den 78 Gemälden 16 Monate – und zwar 9 Tage in der Woche und 26 Stunden pro Tag, bildlich gesprochen!"

– „Ein Mammutwerk, eigentlich das Werk eines ganzen Lebens für manche Maler, aber kommen wir jetzt endlich auf die Botschaft der Karten zu sprechen."

Carl-W. Röhrig: „Natürlich interessierte mich die geistige, die spirituelle, die philosophische Seite der Tarot-Karten. Alle Botschaften, die sich mit der geistigen Natur des Menschen auseinandersetzen, finde ich hochinteressant und sie können gar nicht genug betont werden."

– „Aber stecken die Tarot-Karten nicht voller Aberglauben? Nämlich, daß das eigene Schicksal vorherbestimmt sei?"

Carl-W. Röhrig: „Ich glaube, daß genau das Gegenteil der Fall ist. Zunächst einmal sei darauf hingewiesen, daß die Botschaft des Tarot vordergründig lautet, daß es Geheimnisse des Lebens zu ergründen gibt. Nicht anders sind Tarot-Karten meiner Ansicht nach zu deuten. Mit Aberglauben und Humbug hat das nichts zu tun. Außerdem glaube ich, daß ursprünglich noch mehr in den Tarot-Karten enthalten war ..."

– „Okkultisten und Historiker beschäftigen sich seit dem 18. Jahrhundert mit dem Tarot.

Einige Forscher vertreten die Meinung, daß die Ursprünge in Ägypten liegen, andere favorisieren die Roma als die Erfinder. Kurz, es gibt 1001 Ideen über das Tarot!"

Carl-W. Röhrig: „ Ja, außerdem gibt es zahlreiche Erklärungsversuche, aber der springende Punkt scheint mir die wirkliche *Botschaft* des Tarot zu sein. Und die lautet meiner Ansicht nach, daß das Geistige, das Psychische, das Spirituelle, die *größte Macht* darstellt, die man sich denken kann."

– „Wenn Ihre Botschaft das *Geistige* ist, so sind Sie ein Freund Kandinskys, der ebenfalls das Geistige in der Kunst pointiert zum Ausdruck bringen wollte und damit die Ära der gegenstandslosen Malerei einleitete?"

Carl-W. Röhrig: „Die Grundidee Kandinskys ist hochintelligent und fabelhaft. Dennoch vertrete ich formal eine vollständig gegenteilige Position. Nämlich, daß das Prinzip des Geistigen in der Kunst besser mit den Mitteln des *Phantastischen Realismus* darzustellen ist. Das heißt genauer gesagt: geistige Konzepte, psychische und intellektuelle Phänomene, sind eben *nicht* nur mit Mitteln abstrakter Darstellung möglich. Im Gegenteil: der konkrete Weg der Darstellung ist der wirkungsvollere."

– „Was bedeutet für Sie eigentlich ein Begriff wie *das Geistige?"*

Carl-W. Röhrig: „Nun, es gibt viele Alternativvokabeln: Ich, Ego, Psyche, Geist oder Seele wären solche Vokabeln, wobei fast jeder Kulturraum seine eigene Terminologie entwickelt hat. Aber all diese Kulturen hatten eine einzige Botschaft – nämlich daß das Geistige allem Materiellen haushoch überlegen ist. Nur der Geist, d. h. die Person selbst, kann Dinge verändern. Noch deutlicher: Jeder von uns besitzt eine ungeheure Macht und Kraft, die er nur umsetzen muß."

Das Leben ist kein Problem,
das es zu lösen, sondern eine
Wirklichkeit, die es zu erfahren gilt.
Buddha

O. Der Narr

Die Welt als sich ohne Rast drehender Lebenszirkus gewährt uns Einblick in die Manege: Tiere und Dompteure, Statisten und Akrobaten, Clowns und Narren, für alle ist Platz auf diesem Markt der Eitelkeiten.

Mit dem *Narren* ist das Ende des Tarots erreicht. Der Narr ist Anfang und Ende zugleich, man kann ihn an das Ende der einundzwanzig Arkana stellen oder an ihren Anfang, vor dem *Magier*. Der Narr schließt den einen und öffnet einen neuen Kreis. Wahrscheinlich trägt er aus diesem Grund die Zahl Null, symbolisiert durch den Kreis. Der Narr befindet sich in der Spirale der Erkenntnis an einem Wendepunkt zwischen einer tieferen und einer höheren Ebene.

Die Null ist die Zahl, die alle anderen Zahlen enthält, ohne jedoch selbst einen eigenen Wert zu haben. Sie begleitet jedoch alle anderen Zahlen, erhöht deren eigenen Wert. So ist der Narr: Er verkörpert die gesammelte Erfahrung aller anderen Tarot-Karten, ist aber frei von jeglicher Wertung. Er ist der Weise, der wieder Kind werden darf. Er gleicht dem unschuldigen, einfältigen Parzival, der dennoch – oder gerade deswegen – den Heiligen Gral finden darf. Er gleicht dem „ewigen Juden" im Menschen, der ihn von Kreis zu Kreis in der Spirale des Lebens vorantreibt. Er ist das Kind, das – wie sein Artikel aussagt – noch neutral ist, da es noch keine Trennung aus der Einheit kennt. Später wird es sich entscheiden, ob es ein Magier oder eine Priesterin werden wird. Der Narr ist aber auch der Weise, der die bis zum Ende der vorherigen Umdrehung der Spirale gesammelten Erfahrungen verkörpert. Dort hatte er alle Ängste kennengelernt und überwunden; was ihm blieb, *war er selbst*. Der Tod, die letzte Angst, bedeutet ihm auch nichts mehr. Er betrachtet seinen Körper als abzulegendes Gewand, das irgendwann einmal gewechselt werden muß.

Er weiß alles und hat alles verstanden, deswegen vermag er zu lachen; oder aber er weiß nichts und hat nichts verstanden und vermag deswegen zu lachen.

In vielen klassischen Tarot-Bildern trägt der Narr ein Bündel mit sich, in dem, so wird gesagt, die vier Stufen der indischen Weisheit enthalten sind, die zur Wahrheit führen: der Dschungel, der Wald, der Garten und das Haus. Er ist durch den dunklen Dschungel dieser Welt gegangen, fand im Wald die ersten Lichtstrahlen, erblickte die Helligkeit im Garten und darf zuletzt im Hause ruhen. Eines Tages, nach einer erneuten Drehung des Schicksalsrades, wird er auf einer neuen Ebene einen Tisch vorfinden, auf dem wieder die vier Elemente auf ihn warten, und er wird als Magier einen neuen Anfang wagen.

Steht der Narr am Anfang des Spieles, so verkörpert er das *unbewußte* Bewußtsein, er kennt sein *eigenes* Bewußtsein noch nicht. Er muß die einundzwanzig Stufen des Tarots durchschreiten, bis er am Ende des Weges zu *bewußtem* Bewußtsein findet. Erst dann kann er erkennen, daß die ganze Welt in seinen Gedanken ruht. Seine Welt ist sein Denken, alles, was er sieht und hört, erkennt er als seine eigene Projektion. Hier wurzelt die indische Weisheit, wonach die Welt, in der man lebt, Illusion (Maya) ist. Wenn man in der Lage ist, die Welt um sich als Illusion (Mirage) zu erkennen, ist man zugleich in der Lage, die Illusion zu transzendieren. Wenn man im Traum feststellt, daß man träumt, steht man im Begriff, sich vom Traum zu entfernen – man erwacht. Die Welt ist eine Projektion, ein Traum. Gott ist die einzige Wirklichkeit.

Das Röhrig-Tarot zeigt den Narren als doppelgesichtige Figur. Die eine (linke) Hälfte verkörpert den männlichen Aspekt, der lächelnd, wissend und unbekümmert das Chaos repräsentiert, wo für alles in einer ungeordneten Einheit Platz ist. Die Narrenkappe der männlichen Gesichtshälfte wird von einem Krokodil gebildet, das einen lebendigen Tiger verschlingt. Tiger und Krokodil sind zwei heilige Tiere, die aber gleichzeitig auch das Animalische symbolisieren. Die andere Gesichtshälfte des Narren zeigt eine schöne, lächelnde, wissende Frau, die für die Weisheit und das ordnende Prinzip steht. Ihre Narrenkappe ist kunstvoll aus Federn hergestellt. Der Narr ist Sie und Er, Chaos und Weisheit, der Anfang und das Ende.

The Fool
Der Narr
El Loco
willingness
to risk

ALEPH, der erste hebräische Buchstabe, gehört zu dieser Karte. ALEPH bedeutet das Haupt des Stieres. Warum nicht der ganze Stier? Der Grund liegt darin, daß nur das Haupt geboren worden ist; der Körper des Stieres befindet sich noch in einer anderen Dimension, in der nicht-manifesten Welt. Deswegen kann er noch nicht gesehen werden. Bezeichnend für ALEPH ist auch, daß dieses Zeichen gesehen und gelesen, aber nicht gesprochen werden darf. ALEPH ist der Anfang in der Einheit.

Die Rune WUNJO bedeutet Wonne, Freude und Vergnügen. Sie verkörpert den „Frohsinn", so wie der Narr der Vater der Heiterkeit ist.

Uranus ist das astrologische Zeichen. Uranus ist der Planet der Intuition, der Spontaneität, der Erfindung und Originalität. Er kündigt von einem neuen Sinn, welcher der bisher vollkommenste sein wird – die Intuition. Dieser neue Sinn ist der Anfang einer neuen Epoche. Erst mit dem neuen Sinn, der Intuition, tritt das Wesen des neuen Wassermann-Zeitalters wahrhaft in Kraft.

Das Talent arbeitet, das Genie schafft.
Robert Schumann

I. Der Magier

Am Anfang war das Wort – das ungeborene Wort. Dann wurde das Wort geboren. Vorher war die Welt der Stille, danach ward der erste Funke des Lebens entzündet, die Gottheit in der „Eins", der erste Atem, das erste Denken. Sie war Vater und Mutter aller anderen kommenden Nummern, das erste Da-Sein.

Der Magier, die erste Karte des Tarot-Spiels, wenn man das Tarot als Spiel betrachtet, oder die erste Stufe der spirituellen Entwicklung, wenn man im Tarot einen Weg zur Selbstfindung sieht.

Der Magier personifiziert die schöpferische Aktivität, die in der denkenden Einheit wirkt. Der Magier repräsentiert den denkenden Menschen, dem zum ersten Mal sein kosmischer Ursprung bewußt wird.

Der Magier reflektiert sein Denken, er handelt nicht mehr rein kreatürlich, sondern menschlich, auf der Stufe des bewußten Da-Seins. Bisher lebte er von seinen Empfindungen und Emotionen, meist diktiert von seinen materiellen Bedürfnissen. Sein physischer Hunger mußte gestillt werden, seine sexuellen Bedürfnisse sollten Befriedigung finden, seine Nachkommenschaft tröstete ihn über das Ende seines Lebens hinweg, weil er sich nur dadurch, wie er meinte, in ein weiteres Leben projizieren konnte. So wurde er von seiner Umwelt gedacht, von seinen Eltern manipuliert, von seiner Erziehung geformt und vergaß somit seinen göttlichen Ursprung. Durch sein Erwachen zum Magier erinnert er sich plötzlich an sein kosmisches Heim und versucht bewußt, durch eine innere Entwicklung, seinen Weg zurück zu finden. Dieser Weg wird lang und beschwerlich sein oder leicht und heiter, je nachdem ob er die richtigen Fähigkeiten in sich entwickeln kann. Die zweiundzwanzig Karten der großen Arkana werden ihm den Weg aufhellen, damit er leichter „nach

Hause" findet. Der Magier steht für den Anfang einer neuen Idee, Situation, Tätigkeit, Aktivität oder für das spielerische Meistern materieller Dinge. Er kennt und beherrscht die vier Elemente Feuer, Wasser, Luft und Erde. Er hat die erste Feuerprobe auf dem Pfad der Einweihung bestanden und erhält einen Magierstab. Durch seinen Wunsch, die Wahrheit zu finden, besiegt er die Luft und bekommt das Schwert der Wahrheit. Sein Verständnis der Erde gegenüber beschenkt ihn mit Münzen, und endlich darf er aus dem Kelch der Weisheit trinken.

Der Magier steht unter dem Aspekt des Hermes oder Merkur, wie ihn die Römer nannten. Sie sahen in ihm den Beschützer der Kaufleute, des Austausches. Eigenschaften wie Kommunikation, Flexibilität und Genialität waren seine Attribute, die gleichen Aspekte, die auch der Magier mit sich bringt.

Die Griechen sahen in dem beflügelten Hermes (Herme = aufgerichteter Stein) den Wegweiser, den Wege-Gott für alle Wanderer, der Begleiter der Seelen auf ihrem Weg in der Unterwelt. So gesehen ist der Magier ein Wegweiser in den Etappen des Tarot-Spiels, nicht unbedingt ein Weg in die Unterwelt, sondern in unsere eigene Welt, in unsere Mitte. Hermes, als der Bote der Götter, verkörpert Schnelligkeit, Geist, Neugier, aber auch einen gewissen Hang zur Intrige und Macht.

Zu jeder Karte gehört eine Nummer und ein Buchstabe, im Röhrig-Tarot befindet sich auf der linken Seite ein hebräischer Buchstabe und auf der rechten Seite eine Rune. Beide dienen dazu, die Bedeutung der Karte zu unterstreichen. Oft finden wir dem Magier den hebräischen Buchstaben „Aleph" zugeordnet. Aleph ist der erste Buchstabe des hebräischen Alphabetes und entspricht der Gottheit in ihrem „Schweigen", der „Ur-Laut" ist noch nicht gesprochen worden.

Durch die Explosion des „Ur-Lautes" wird das Schweigen unterbrochen und Beth (= Haus) tritt in Erscheinung. Beth ist der zweite Buchstabe des Alphabetes, den wir links in der Karte des Magiers sehen. Es ist unser Haus, diese Welt, das Diesseits, die manifestierte Welt als Gegenpol zur nicht-manifestierten – wie oben so unten.

Auf der rechten Seite der Karte sehen wir die Rune FEHU, das bedeutet Vieh, im übertragenen Sinn steht sie für Reichtum oder das Mysterium des Goldes. FEHU bedeutet auch Feuer und Energie.

The Magus
Der Magier
Kommunikation
Flexibilität
Genialität
Le Bateleur

Die FEHU-Macht gehört in die Hände der wahren Edlen, die dafür verantwortlich sind, daß sie richtig angewandt wird. Wer sie mißbraucht, muß früher oder später mit der Rückkehr der in das Negative transformierten Energie zum Urheber rechnen.

Der Magier hält diese Macht in seinen Händen; es hängt von ihm ab, ob er ein schwarzer oder ein weißer Magier wird. Er steht am Anfang des Weges, und jede Etappe (Karte) wird ihm eine Entscheidung abverlangen.

Aus der Stille werden wahrhaft
große Dinge geboren.
Thomas Carlyle

II. Die Hohepriesterin

Die Hohepriesterin ist die Karte Nummer „zwei", die Karte der Polarität männlich/weiblich, die Trennung aus der Einheit, um in die „Zweiheit" zu kommen. Nur durch die Zweiheit (Vater/Mutter) gelangt man zur Dreiheit (Erscheinungswelt). Im Magier regiert die Einheit, das männliche Prinzip, die Aktivität, der Anfang. Die Hohepriesterin stellt das Gegenteil dar, sie ist die Verkörperung der Weiblichkeit und ihr transzendentaler Aspekt. Alles in ihr spricht von Aufnahme, Empfänglichkeit, Ruhe und Wissen, ein Wissen, das von innen kommt. Nicht ohne Grund steht diese Karte unter dem Zeichen des Mondes, der auf die feinfühligen lunaren Aspekte der Frau hinweist.

Im Röhrig-Tarot wird die Hohepriesterin mit geschlossenen Augen dargestellt, das Empfinden steht bei ihr im Vordergrund. Sie braucht die Augen nicht zu öffnen, da sie die Welt der Maya (Illusion) kennt. Sie weiß – nur in ihrer inneren Welt ereignet sich die Realität, alles andere sind Projektionen eines Wunschdenkens.

Diese Karte entspricht den zwei Dimensionen des Diesseits und des Jenseits, dem Tag und der Nacht, dem Hell und Dunkel, somit aller Polaritätsaspekte, die unser Leben begleiten: Warm/kalt, schön/häßlich, gut/böse. Ohne die eine Seite würden wir die andere nicht verstehen können.

Alles, was im Magier eine geschlossene Einheit bildete, hat sich auf der Suche nach Erfahrung in der Polarität geteilt, um durch das Gegenüber sich selbst erfahren zu können.

Der Mensch auf der Stufe des Magiers hat seine existentiellen Probleme mehr oder weniger gut gelöst; auf der Stufe der Hohepriesterin ahnt er, daß hinter der sogenannten Wirklichkeit eine andere Wahrheit auf ihn wartet. Er wird sich auf die Suche nach innen begeben, um hinter den Schleier der Isis zu schauen. Die Hohepriesterin, die Isis, wird ihren

Schleier lüften und ihr Geheimnis nur dem wahren Suchenden preisgeben.

Das zweite große Arkanum bedeutet Intuition, Harmonie, Wissen auf der geistigen Ebene, Autorität, Güte, ethische Ratschläge, moralischer oder religiöser Weg, Ruhe und Stille.

Der Buchstabe Gimel (das Kamel auf der linken Seite der Karte) wird uns auf seinem Rücken durch die Wüstenträume unserer Vorstellungen bis zur Oase tragen, die unser wahres Heim sein wird.

Die Rune URUZ (der Auerochse) symbolisiert die Kraft der Formung. Uruz, als Mutter der Manifestation, zeigt uns den Weg zur Schöpfung und damit gleichzeitig zur nächsten Karte, der Herrscherin.

II
Moon
access to intuitive powers
healing, independence
inner balance
increased self-confidence
„Wise woman
Balance,
Ausgleich,
Harmonie.

Wer sich an die Stille des Herzens hält
und sie als Autorität anerkennt –
was braucht der noch andere Autoritäten?

Chuang-tzu

III. Die Herrscherin

Aus den zwei vorhergegangenen Karten, nämlich dem Magier (das männliche Prinzip, die aktive Energie) und der Hohepriesterin (das weibliche Prinzip, die empfangende Energie) geht die dritte Karte hervor, die Herrscherin, das Symbol für das Kind, für die geschaffene Welt, für das sichtbare Universum, für die Natur. Somit ist die dritte Karte das Ergebnis aus der Vereinigung der Gegensätze, durch die das Neue, das Kind, die „Drei" entstehen kann. Die Energiequalität zwischen der zweiten und dritten Karte ist sehr verschieden. In der zweiten Karte erblicken wir die Frau in ihrer mystischen Kontemplation; in der dritten Karte sehen wir eine junge, herausfordernde Frau, die ihre weiblichen Merkmale selbstbewußt zur Schau stellt. Sie sprüht voller Lebenslust, ihre beherrschte und herrschende Sinnlichkeit funkelt in ihren Augen. Die Krone auf ihrem Haupt bedeutet Bewußtsein, sie ist sich ihrer Macht und Wirkung als Frau voll bewußt.

Das männliche Prinzip, das ihr huldigen wird, wird ihr seinen Samen als Opfer bringen, aus dem wieder neues Leben entstehen kann. So bewegt sich der ewige Kreislauf der Natur durch Geburt, Leben und Tod. Die Herrscherin ist die Patronin dieser drei Aspekte. Sie ist die Hüterin des großen Mysteriums der Zeugung. Sie hütet auch das Mysterium der Schwangerschaft. Die Fruchtbarkeit und Fülle, mit der sie sich umgibt, schenkt uns den Frühling, die Erneuerung, wo alles frisch und jung ist, um im Herbst trocken und alt zu werden. Sie ist Persephone, die Tochter der Demeter, die das halbe Jahr über (im Winter) in der Unterwelt und das andere halbe Jahr (im Sommer) auf der Erde weilt.

Das Element dieser Karte ist wie beim Magier das Feuer, verdeutlicht am roten Haar der Frau und an ihrem unternehmungslustigen Blick. Sie drückt wie der Magier Aktivität aus. Venus, als Göttin der Liebe, ist ihr

Symbol. Wegen ihrer anziehenden Weiblichkeit wird auf dem Altar der Venus geopfert.

Die Herrscherin verkörpert aber auch die Große Mutter, die Urmutter, die Mater, aus der die Materie hervorgeht. Sie birgt die drei Aspekte Gottes, den schöpferischen, den erhaltenden und den zerstörenden. Sie repräsentiert die drei Dimensionen des Raumes: Tiefe, Breite und Höhe; die drei Aspekte der Zeit: Vergangenheit, Gegenwart und Zukunft und die drei Aspekte des Lebens: Geburt, Leben und Tod. Auf der Erde herrscht das Gesetz der Materie, und alles, was geboren wird, wird auch sterben.

Der Mensch auf dieser Stufe versteht, daß die Matėr Natura ihn auf seinem irdischen Weg führen, schützen und erhalten will; deswegen wird er anfangen, seinen Körper als ein Instrument zu betrachten, das es ihm ermöglichen wird, die Erfahrung „Leben" zu machen. Ab jetzt wird er bewußt auf seine Gesundheit achten, damit seine äußere Hülle ihm so lange wie möglich dienen kann, bevor sie letztlich zur Mater Erde zurückkehrt.

Die Karte der Herrscherin bedeutet Energie, Aktivität, Evolution, Erfolg, Überfluß, Initiative und Wille. Die Herrscherin entspricht der Schöpfung in ihrer schöpferischen Tätigkeit.

Der hebräische Buchstabe ist DALET (Tür). Der Weg des Menschen führt ihn zu dieser Tür, um ihm die Mannigfaltigkeit des Lebens zu zeigen, die außerhalb seiner selbst liegt. Nach dieser Tür wird er noch einmal durch eine andere gehen, so wie er auch einmal ein neues Leben anfangen wird.

Zur dritten Karte gehört die Rune THURISAZ (Dorn oder auch Donner), sie verkörpert eine potentielle Energie, die in allen bipolaren Extremen enthalten ist. Durch das Mysterium der THURISAZ-Rune vollzieht sich die Macht der Wiederkehr und der Fruchtbarkeit.

III
Energy
Development
Evolution
Fertility
Success
Iniatiative
An Eye for Details

Niemals frommt viel Herrschaft
im Volk, nur einer sei Herrscher,
einer König allein.

Homer

IV. Der Herrscher

Der Herrscherin folgt ein Herrscher, um ihr Werk weiterzuführen. Die dritte Karte symbolisierte die Schöpfung, und der Herrscher bringt Ordnung in diese Schöpfung. Er zieht Grenzen, wo sie notwendig sind, er formt und bildet, er regiert über die materielle Welt mit Weisheit, Verständnis und Liebe. Das vierte Arkanum des Röhrig-Tarots zeigt einen Mann in seinen besten Jahren. Sein Gesicht ist nach Osten gewandt, woher die Sonne und das Neue kommt. Er ist offen für neue Lehren oder Impulse, die er verarbeiten und prüfen wird, um sie dann später seinem Volk weiterzugeben. Das hermetische Ideogramm, die Lilie auf der rechten Seite, ist das Symbol, das am besten den Edelmut seiner Seele auszudrükken vermag, es zeigt, daß der wahre Herrscher auf eine grobe, primitive Form des Imperialismus verzichten muß und sich verpflichtet, mit Herz, Weisheit und Intelligenz zu regieren.

Das vierte Arkanum ist die Karte der Materie. Der Herrscher weiß, daß seine Seele in der Materie gefangen ist; er ahnt, wie er sie befreien kann, nämlich durch Disziplin, Ordnung und Willen. Dieses Beispiel will er seinen Untertanen geben. Da er aber selber weiß, wie schwer es ist, immer richtig und weise zu entscheiden, ist er voller Liebe und Barmherzigkeit den anderen gegenüber, die noch nicht so weit sind wie er.

Auf seinem Weg zu sich selbst ist er streng geworden, fast starr. Aber das innere Feuer des Glaubens, das ihn beseelt, läßt ihn erkennen, daß alles ein „Werdegang" und im Wandel begriffen ist. Auch sein momentaner Zustand auf der Stufe des Herrschers wird sich einmal, nämlich auf der nächsten Stufe, wenn er mehr Wissen gesammelt hat, ändern.

Wir haben ihn, auf der Stufe des Magiers, noch unerfahren, neugierig und voller Tatendrang erlebt; auf der Stufe des Herrschers erfahren wir ihn als Reifen, Aufgeklärten, Wissenden. Der Mensch auf dieser Stufe hat

Beherrschung über seinen Körper erlangt. Er hat versucht, die Liebe in sich selbst zu wecken, um sich selbst und die anderen zu beschenken. Er hält Grenzen ein und setzt Grenzen; er schützt und wird von „oben" beschützt. Er ist Initiator neuer Ideen und Gedanken, die er in die Form (Materie) bringen will. Er ahnt die Kraft, die aus seinen Gedanken kommt, deswegen beginnt er, seine Gedanken zu disziplinieren, obwohl er noch nicht das Geheimnis des „richtigen Denkens" kennt – das wird er erst später erlangen.

Die vierte Karte steht unter dem Symbol des Widders, das heißt Feuer, Beharrlichkeit und Mut. Widder wird vom Mars regiert, dem Gott des Krieges. Ein guter Herrscher muß diese Kraft kennen, um sie von einer zerstörerischen in eine aufbauende, stabile Kraft wandeln zu können.

Der hebräische Buchstabe HE (Fenster) ziert die vierte Karte. Das Haus hat eine Türe und ein Fenster bekommen, aus denen, wenn man es so ausdrücken will, Kontakt zu anderen Welten, Anschauungen oder Ideen aufgenommen werden können. Sie müssen nur geschlossen werden und die Trennung, Isolation, das Alleinsein, die der Herrscher manchmal braucht, ist hergestellt. Wenn er wieder aus seiner inneren Kraft geschöpft hat, wird er das Fenster erneut aufmachen.

Die Rune ANSUZ symbolisiert den Hirschkönig und die Asen, junge Götter aus der nordischen Mythologie. Sie steht für Klugheit und geschicktes Reden, wie eben ein Herrscher zu seinem Volk spricht.

Der Herrscher ist die totale Selbstverwirklichung auf der Macht- und Ich-Welt-Ebene. Das verleiht ihm Autorität und Reife, die er für die nächste Stufe benötigt.

IV
DER KAISER · IV
DER HERRSCHER
THE EMPEROR
L. JMPEREÜR

Die Weisheit ist nur in der Wahrheit.
Johann Wolfgang von Goethe

V. Der Hohepriester

Wie der Herrscher das Werk der Herrscherin weiterführt, so vervollkommnet auch der Hohepriester das anfängliche Werk der Hohepriesterin.

Die Hohepriesterin hat ihr Wissen noch für sich behalten. In der fünften Karte jedoch ist der Weise bereit, den Menschen, die ihn aufsuchen, zu helfen und sie zu leiten.

Das Wissen, das durch persönliche Anstrengung von innen gereift ist, hat ihn emporgehoben zur kosmischen Sphäre, mit der er in direktem Kontakt steht.

Als Magier hat er sein Können ausprobiert,
als Hohepriesterin neue Fähigkeiten gesucht,
als Herrscherin sich mit der Natur verbunden,
als Herrscher ist er durch die Materie gegangen, und
als Hohepriester entwickelt er seinen Geist.

In vielen herkömmlichen Tarot-Karten wird der Hohepriester sitzend zwischen zwei Säulen dargestellt. Vor ihm knien zwei Gestalten, die rechte in einer devoten, geduckten Haltung, womit der dogmatische Weg zur „religio“ symbolisiert wird. Dies ist der Mensch, der noch den exoterischen Aspekt der Religion lebt. Er braucht Dogmen. Die Aufgabe der etablierten Kirchen wäre es, diese Menschen zur Selbständigkeit zu führen, statt sie unmündig zu machen oder zumindest in Unmündigkeit verharren zu lassen. Aber das würde die Aufgabe von Macht bedeuten.

Die linke Gestalt steht aufrecht, aber auch in devoter Haltung, und symbolisiert den selbständigen Weg zur „religio“. Das ist der Mensch, der bewußt seinen Weg zu Gott sucht. Er weiß, daß eine von außen erteilte Absolution ihm nicht viel nützen wird. Er muß sich selbst absolvieren, was viel schwieriger ist, da es mit Liebe zu tun hat, die er zu sich selbst entwickeln muß. Wie sonst könnte er den Nächsten lieben wie sich selbst?

Die Nummer V entspricht der Vierheit, die von der Eins aus einer kosmischen Dimension befruchtet ist, also die transzendierte, vom Geist geleitete Materie. Im Röhrig-Tarot ist dies wunderbar dargestellt durch einen weisen alten Mann, von dem nur die untere Gesichtshälfte zu sehen ist. Seine Stirn, sein Gedankenbereich, ist von kosmischer Energie überflutet.

Der Mensch auf dieser Stufe ist nicht mehr Opfer seiner körperlichen Triebe. Viele Menschen kommen zu ihm, um seinen Rat zu erfragen, den er wohlwollend väterlich erteilen wird.

Der Hohepriester bedeutet: Spiritueller Meister, Eingeweihter, Ratsuchender oder Ratgeber, Initiation und Transformation.

Auf der rechten Seite der Karte ist das Stier-Symbol abgebildet. Der Stier steht hier für die männliche Kraft, die Sexualität. Er wird von der Venus, der Weiblichkeit, regiert. Es wird also das männliche und weibliche Prinzip als Zeichen der Aufhebung der Polarität vereint. Es läßt sich eine Parallele zur zweiten Karte (Die Hohepriesterin) erkennen, die Karte, die durch die Polarität ihre Aussagekraft bekam. In der fünften Karte wird die Polarität aufgehoben. Der Hohepriester hat die beiden Energien (männlich/weiblich) in sich vereint, und nur dadurch kann er bewußt mit einer anderen Dimension Kontakt aufnehmen.

Der hebräische Buchstabe WAW bedeutet Haken oder Verbindungshaken, etwas, das zwei getrennte Dinge zusammenbringt. Jetzt ist der Mensch als Synthese von Mann und Frau, als Hermaphrodit, zusammen mit den „Oberen" verbunden. Aus der Sehnsucht von unten nach oben und von oben nach unten entsteht die Verbindung.

Die Rune RAIDHO bedeutet Ritt, Rad oder Wagen, als Vehikel auf dem Pfad der kosmischen Kraft. Doch der Pfad ist noch am Anfang; der Ritt und der Wagen des Hohenpriesters dürfen nicht stehenbleiben, er hat noch viele Meilensteine zu überwinden, bis er zu seinem Ziel kommen darf.

V
The Hierophant
Der Hohepriester
Le·Pape
höchste Transformation
TAURUS · STIER
Spiritual master,
teacher, advisor
initiate
inner leader
spiritual father
highest transformation

Du möchtest geliebt werden,
weil du nicht selbst liebst,
doch von dem Augenblick an,
wo du selbst liebst, fragst du nicht länger,
ob du von jemandem geliebt wirst oder nicht.
Krishnamurti

VI. Die Liebenden

Die ersten fünf Arkana des Tarot gehören zur theoretischen Ausbildung auf dem geistigen Weg. Die Karte VI gibt dem Eingeweihten die Gelegenheit, das Gelernte in die Tat umzusetzen.

Was gibt es Edleres und Schöneres auf dieser Welt, als zu lieben und geliebt zu werden? Durch das Gefühl des Liebens fließt man vom Ich zum Du, um sich zum Wir zu vereinen. Lieben heißt, sich zu öffnen, sich zu geben, miteinander zu verschmelzen, sich ineinander aufzulösen, um die Erlösung miteinander zu finden. In vielen Riten archaischer Traditionen wurde die Sexualität zu einer großen Kunst, zum Schlüssel zum höchsten Bewußtsein, emporgehoben. Für das Geschöpf stellt sie die einzige Möglichkeit dar, Abbild seines Schöpfers zu sein, indem es durch den Zeugungsakt selbst zum Schöpfer neuen Lebens wird. Es vollzieht sich ein Akt der Liebe auf einer anderen Ebene – wie oben so unten.

Die Energie, die vom Ich zum Du fließt, läßt das Ego verblassen. Es ist zwar immer noch vorhanden, aber das Du wird den Mittelpunkt bilden.

Die sechste Karte des Röhrig-Tarots zeigt zwei sich umarmende junge Menschen, von sich selbst entfernt, dem anderen nahe, in einer gelösten Ekstase. Ihre Gesichtszüge sind friedlich und entspannt. Zärtlichkeit, fast Dankbarkeit drückt ihre Körperhaltung aus. Die zwei Gegensätze, in einer Umarmung vereint, haben sich gegenseitig gefunden, um den Traum der Liebe zu träumen.

Adam hat seine Eva gefunden, und ihre Liebe ist keine Sünde. Sündig aber wäre es, sich ihrer Sexualität zu schämen. Dies wäre gleichbedeutend mit einer zweiten Vertreibung aus dem Paradies; aber zu diesem Paradies soll ein neuer Zugang gefunden werden, frei von falscher Scham und aufgezwungenen Konventionen, dafür reich an Selbsterkenntnis und von innen her lebendiger Ethik.

Die zwei Figuren auf der Karte VI sind unbekleidet. Nacktheit im Tarot bedeutet immer: Der Mensch zeigt sich so, wie er wirklich ist, mit seinen Wünschen und Sehnsüchten. Da er das falsche Schamgefühl abgelegt hat, wird er sein wie am Anfang, bevor er vom Baum der Erkenntnis gekostet hatte.

Wenn man die Karte genauer betrachtet, lassen sich zwei Ebenen erkennen. Der untere Teil, mit den beiden abgebildeten Gesichtern, gehört zur materiellen irdischen Welt; der obere Teil der Karte, mit den beiden Körpern, gehört zur kosmischen, geistigen Welt. Der Mensch auf dieser Ebene wird sich entscheiden, zu welcher Welt er gehören will.

In vielen herkömmlichen Tarot-Spielen wird diese Karte der „Scheideweg" genannt, wobei der Weg der Scheide mit Sexualität und mit Entscheidung in Verbindung gebracht wird. Dieser Scheideweg wird als junger Mann dargestellt, der zwischen zwei Frauen steht und im Begriff ist, sich für eine der beiden zu entscheiden. Die beiden Frauen verkörpern einerseits die Tugend und andererseits das Laster. Der Mensch auf dieser Ebene befindet sich oft in einer dramatischen Situation, denn vor ihm steht der Konflikt der Entscheidung. Dabei kann es sich um zwei Berufe, zwei Wege, zwei Frauen oder zwei Männer handeln; in jedem Fall wird ihm alles abverlangt, was er bis jetzt gelernt hat. Zwar ist die Aktion der Entscheidung an sich unbedeutend, wichtig ist nur, daß er lernt, vom ethischen, moralischen Gesichtspunkt aus zu entscheiden. Das Ergebnis seiner Entscheidung ist ebenfalls nicht von so großer Bedeutung, da er sich entscheiden wird gemäß seiner Fähigkeiten und des Erlernten. Wenn wir in Betracht ziehen, daß die Menschen die Kraft der freien Entscheidung nur deshalb besitzen, um zu Gott zu gelangen, wird jeder reife Eingeweihte das Beste daraus machen. Davon ganz abgesehen, gibt es keine *falschen* Entscheidungen, denn alle, wirklich alle, dienen dem Reifungsprozeß des Menschen. Gott kennt keine Zeit, in seiner ewigen Liebe wartet er auf uns.

Die Karte VI weist zwei Aspekte auf, sie ist die Karte des „Du" und des sich Entscheidens für etwas außerhalb der eigenen Person. Sie ist aber auch die Karte der Liebenden, der Harmonie, des Austausches, der Gefühle und gleichzeitig die Karte der Verzweiflung vor der Entscheidung.

VI
by love
awareness
by (through)
interrelations
„THE LOVERS" VI
Twin; Love; Attraction;
Approach; connection;
Uniting of Diferences
L. AMOVREVX · DIE LIEBENDEN · THE LOVERS

Der hebräische Buchstabe SAJIW (Waffe) sagt uns, daß der Mensch auf dieser Ebene alle seine Waffen (alles Gelernte) braucht, um nicht aus seiner erlangten Einheit, die er in der Karte des Hohenpriesters innehatte, herauszufallen. Das Portal, durch das er die Liebe erfährt, bringt ihm nach dem Polaritätsgesetz auch den Haß, und davor muß er sich schützen, eben mit seinen Waffen.

Die Rune KENAZ (Fackel) steht für die tiefe Verbindung zwischen Sexualität und Kreativität, sie bedeutet Leidenschaft und Liebeslust, aber auch Schwere, Entzündung und Verbrennung.

Die Karte der Liebenden ist dem Symbol der Zwillinge zugeordnet. Merkur, der auch beim Magier herrscht, regiert ebenfalls die Zwillinge, und damit Austausch, Bewegung und Information. Das Element der Zwillinge ist die Luft, die jeden Liebesgedanken, Liebesseufzer und Liebesschwur von einem zum anderen trägt. Die Zwillingsseelen begegnen sich in einer tiefen, unbegreiflichen und unantastbaren ätherischen Atmosphäre, die nur den Liebenden eigen ist.

Die Karte VI spricht uns aus einer kosmischen Ebene an; aber um die „Lektion Leben“ zu lernen, müssen wir auf die irdische Ebene kommen, die physische Liebe kennenlernen und zusätzlich uns entscheiden, um unterscheiden zu können. Der Magier auf seinem Weg muß lernen, ob er das Erfahrene für sich selbst oder zum Wohle der Menschheit einsetzt. Nur die Erfahrung als Selbsterfahrung wird ihn weiterbringen, wie die nächste Karte (Der Wagen) zeigen wird.

Das Neue dringt herein mit Macht.
Friedrich Schiller

VII. Der Wagen

Der Wagen bildet den Abschluß des ersten Zyklus der geistigen Entwicklung und gleichzeitig den Anfang eines neuen.

Der Magier auf der Ebene der Liebenden hat seine Probe bestanden. Er hat die Liebe gelernt und sich richtig entschieden. Auf der Stufe des „Wagens“ wird er seine Selbständigkeit üben.

Die Karte VII des Röhrig-Tarots zeigt eine treffende moderne Version dieses Zustandes, einen jungen Mann in einem Rennwagen. Was wird er üben? Natürlich sein inneres Gleichgewicht und das seines Wagens. Er muß absolut konzentriert sein, um das Rennen zu gewinnen. Das heißt, er muß vollkommen in seiner Mitte sein. Die positive und die negative Energie, die jeden Menschen ausmachen, schwingen im Einklang. Er beherrscht seinen Körper vollkommen, seine Gedanken sind konzentriert, seine Wünsche und Sehnsüchte bringen ihn ans Ziel. Das verschafft ihm eine unglaubliche Durchsetzungskraft, die ihm erlauben wird, jedes Hindernis zu meistern. Sein Pilotenhelm ähnelt einem mittelalterlichen Turnierhelm; er schützt ihn vor allen störenden Eindrücken, die seinen Willen schwächen könnten. Er will sein Ziel erreichen, er will gewinnen, und er wird gewinnen. Nichts und niemand wird ihn davon abbringen, in dem Rennen seines Lebens der Erste zu sein.

Dies ist die erste Karte, die zeigt, wie das Ich in Relation zu den anderen steht. Den Ich-Du Aspekt haben wir schon in der Karte VI (Die Liebenden) gesehen; in der Karte VII (Der Wagen) ist das Ich auf der Ebene des Egos dargestellt, das sich gegenüber den anderen erfährt. Der Wagenlenker ist mutig und stark, sein Wille wird ihn führen, wohin er will. Sein Wagen, gleichbedeutend mit seinen Energien, wird ihm von Triumph zu Triumph verhelfen. Er ist der geborene Sieger. Der Mensch auf dieser Ebene ist oft der junge Mensch, der sich vom Elternhaus trennt, um endlich seine eigenen Erfahrungen zu sammeln. Er ist auch der Mensch voller Freiheitsdrang und Ehrgeiz auf der Suche nach seinem ihm angemessenen Platz in der Gesellschaft. Auf der Stufe dieser Karte lernt der Mensch, seine Energien zu kanalisieren, um einen Durchbruch auf einer materiellen Ebene zu erreichen. Die gleichen Kräfte, die er jetzt anwendet, wird er später benützen, um einen Einlaß in die geistige Welt zu erlangen. Der Wagenlenker braucht sein ganzes Können und seinen ganzen Mut, um das zu erreichen, was er sich vorgenommen hat. Sein steter Begleiter in jedem Rennen wird der Tod sein, aber das erschreckt ihn nicht. Jeder wahre Held zieht den Aspekt des Todes in das Leben mit ein, und bei jeder gewonnenen Schlacht weiß er, daß er einen Sieg über seine Todesangst errungen hat, und als Preis bekommt er das Leben. So gesehen dient alles der Entwicklung.

Auf der linken Seite der Karte sehen wir den Buchstaben CHET (Zaun). Der Mensch schließt in seinem Haus Türen und Fenster zu und baut um sein Anwesen sogar einen Zaun. Das heißt, daß der Mensch in diesem Zustand nur auf sich selbst konzentriert ist und jeden Einfluß von außen scheut.

Die Rune heißt HAGALAZ (Hagelkorn). HAGALAZ ist der Code, das Muster, des Werdens und der Vollendung.

Der Wagen ist dem Zeichen des Krebses zugeordnet, einem Wasserzeichen. Wasser ist in seiner eindringlichen Nachgiebigkeit oft stärker und ausdauernder als alle anderen Elemente, das bedeutet, daß der Wagenlenker Herr über seine Gefühle ist und von seinem Unterbewußtsein (Krebs) geleitet wird.

Die Karte VII drückt die männliche, intellektuelle, schöpferische Kraft aus. In der nächsten Karte werden wir dem gleichen Aspekt bei der Frau begegnen.

VII
Chariot
WAGEN
change to good
Start
Start
Spiritual road
Start
spiritueller Weg
Neuanfang
Meditation
Wechsel
zum Guten
The Chariot
VII
Der Wagen
LE CHARIOT
Die Karte weist auf einen bevorstehenden
Neuanfang hin - glückliche Entwicklung.
Der Neuanfang läßt langweilige Routine
des eingefahrenen Alltags hinter sich
Krebs
Cancer, new beginning
change to good
introspection
meditation
Spiritual road

Wenn es dir gelingt,
einfach zu beobachten, was du bist,
und flexibel bleibst, wirst du feststellen,
daß du unbegrenzt weit gehen kannst.
Krishnamurti

VIII. Die Kraft

Der Wagenlenker der Karte VII hat die Lektion der Selbständigkeit, des Sich-Durchsetzens und des Mutes gelernt. Jetzt treffen wir die Frau in der Darstellung der Kraft. Die Karte VIII des Röhrig-Tarots zeigt eine junge Frau in ekstatischer, leidenschaftlicher Hingabe. Alles an ihr drückt Sinnlichkeit und Lust am eigenen Körper aus. Sie erfährt sich selbst und gibt sich mit ihrer ganzen Kraft hin. Sie repräsentiert Shakti, die göttliche Gemahlin von Shiva, die durch die tantrisch-sexuelle Bindung ihrem Mann Kraft schenkt. Sie ist auch die Heilige, die sich in der „Unio Mystica" dem göttlichen Geliebten hingibt.

Der Löwe im Vordergrund symbolisiert die niedrigen Instinkte im Menschen: unterdrückte Sexualität, Neid, Haß, Eifersucht, Geld- und Machtgier. Die Frau jedoch hat den Löwen gezähmt; er sitzt ihr zu Füßen, friedlich, fast lächelnd darüber, daß eine zarte Frau ihn besiegen konnte. Aber die Kraft, die diese Frau besitzt, ist die überwältigende Kraft der Liebe. Sie bekämpft nicht, aber zähmt. Sie besiegt nicht, aber siegt. Sie unterdrückt nicht, aber wandelt. Darin liegt die Aufgabe, die niedrigen Kräfte im Menschen nicht zu besiegen, aber zu wandeln. Der wirklich Weise weiß, daß jede Kraft, die er zur Verfügung hat, ihm weiter dienlich sein kann, wenn er sie klug einsetzt. Was niedrig ist, muß erhoben werden, um erhaben zu sein. Auf diese Art und Weise werden auch die negativen Kräfte eingesetzt, um an dem „großen Werk" mitzuwirken. Die Frau auf dieser Karte arbeitet mit der gleichen Energie wie der Magier. Aktivität ist ihr Motto, aber auch Hingabe an sich selbst und an den anderen. Nur so kann sie wirklich lieben, indem sie die anderen so tief empfindet wie sich selbst. Liebe, Verständnis und Mitgefühl sind ihre

„Waffen". Das Hindernis, wenn sie ihre Liebe sich frei entfalten läßt, sind oft die Vorurteile, die sie zu ändern versucht, indem sie lernt, in jeder Begegnung sich selbst zu begegnen. So ging sie auch mit dem Löwen um, sie hat sich in ihm gespiegelt und mit der Kraft der Liebe hat sie die niedrigen Instinkte in eine kraftvolle Komponente verwandelt, die ihr ganzes Wesen bereichert.

Der Mensch auf dieser Ebene erfährt sich in seinem ganzen Kraftpotential, er lernt, wenn er eine Frau ist, die männliche Kraft in sich zu integrieren. Wenn er ein Mann ist, wird er lernen, mit der weiblichen Kraft umzugehen, um ein Ganzwerden der zwei Aspekte in sich zu erreichen. Wie in der Karte „Der Wagen" gibt es auch hier einen Sieger. Nachdem er das Tier in sich gezähmt hat, wird er mit vereinten Kräften alles meistern können.

Das Arkanum VIII trägt das Symbol des Löwen, ein Feuerzeichen. Es bedeutet Kraft, Mut, edlen Charakter und feurige Energie.

Der hebräische Buchstabe der Karte lautet TETH (Gebärmutter mit Embryo) und steht für das Leben, das behütet im Verborgenen lebt. Die „Kraft" hütet ihre Energie und wendet sie nur dann an, wenn es notwendig ist.

Die Rune SOWIZO (Sonne) bedeutet Wille, Lebenskraft, Sieg, Ehre und Erfolg, alles Aspekte, die komplementär der Karte der Kraft sind. Auf der nächsten Stufe (Der Eremit) wird das alles neu bewertet.

VIII
„Lust" or „Strength"
The Strength
LA FORCE
DIE KRAFT
„DIE LUST"
„The Lust"
Lion, passion
(emotion)
manifold, creat
talents, power,
integration of
animal forces,
overcoming of
VIII oder XI
Der traditionelle
Titel dieser Ka
ist „Stärke"
(Strength).
Die Karte ist die Darstellung
der göttlichen Trunkenheit.
göttliche Ekstase, göttliche

Wenn man die Ruhe nicht in sich selbst findet, ist es umsonst, sie anderswo zu suchen.
La Rochefoucauld

IX. Der Eremit

Je weiter man auf dem Tarot-Weg voranschreitet, desto dünner wird die Luft. Der Weg ist nicht mehr eine Rennbahn, wie auf der Karte „Der Wagen", und auch nicht ein Ruheplätzchen, wie in der Karte „Die Liebenden". Die Ekstase, die noch in der Karte „Die Kraft" enthalten war, hat ein neues Gesicht bekommen, eine neue Dimension. Die sich hingebende Ekstase der Karte VIII hat sich verwandelt, zurückgezogen, nach innen gekehrt und transformiert in eine innere, von der Außenwelt abgeschirmte, leuchtende Wahrheit.

Was sucht der Mensch auf dieser Ebene? Er sucht die Wahrheit. Er weiß, daß es in der Welt, in der er sich bis jetzt aufgehalten hat, unzählige Aspekte der Wahrheit gibt. Die Wahrheit aber, die er sucht, ist seine eigene, unverfälschte, von äußeren Einflüssen unabhängige, aus seiner innersten Quelle sprudelnde Wahrheit.

Um diese Stufe zu erreichen, sondert er sich von anderen Menschen und Meinungen ab, isoliert sich. Im Röhrig-Tarot wird im Mittelpunkt ein Mann gezeigt, dessen Blick uns offenbart, daß er Erkenntnis über sich selbst erlangt hat. Sein Gesicht ist verziert durch ein feines Muster, das an ein Gitter erinnert. Dem Künstler hätte keine tiefere Symbolik einfallen können, um durch dieses Muster auszudrücken, daß der Mensch auf der Stufe des Eremiten sich innerlich vergittert hat. Das Gitter ist feinmaschig und nicht für jeden sichtbar. Es dient zu seinem Schutz als seine Rüstung, dazu, daß er mit sich selbst allein bleiben kann. Das Leben in der Außenwelt, mit ihrem ewigen Jagen nach Ruhm, Macht und Geld, hat ihn ahnen lassen, was Tod bedeutet, wenn man das Leben ausschließlich nach materiellen Werten betrachtet. Er aber will das wahre Leben, das alle Tode überdauert, und dieses – das versteht er jetzt – ist nur in einem spirituellen Leben zu finden. Somit wird er automatisch zum freiwilligen

Mitarbeiter an dem, was man „das große Werk" heißt. Er möchte immer mehr lernen, sich verbessern, aber nicht sein eigenes Wissen überschätzen, da ihm bewußt wird, wieviel er noch zu erfahren hat.

Er gibt die Wichtigkeit seiner Person auf, da er nicht mehr hinter der Maske wirken möchte. „Persona" war in der Antike die Bezeichnung für die Maske, die im griechischen Theater von den Schauspielern vor ihr Gesicht gehalten wurde, um ihre jeweiligen Rollen besser zum Ausdruck zu bringen. Es wäre ein Schritt vorwärts, wenn der Mensch seine Persona oder Persönlichkeit, an die er eigenartigerweise oft selbst glaubt, aufgeben würde. Aber solange er im Theater des Lebens mit dieser Persona Erfolg hat, wird sich die Trennung nur schwer vollziehen.

Der Eremit ist also frei geworden von seiner Maske (Persona). Er hat sich abgesondert, er ist „sonderbar" geworden. Die anderen Menschen verstehen ihn nicht mehr, und er legt auch nicht viel Wert darauf, verstanden zu werden. Aber den wahren Suchern, die durch das Gitter zu ihm gelangen, wird er Worte der Wahrheit sagen, die er jetzt selbst erfahren hat.

Neben dem Gesicht erkennt man auf der Karte des Röhrig-Tarots den Eremiten in der Person eines alten Mannes, der, versteckt in einem langen Mantel, mit Hilfe eines Stockes und einer blaß schimmernden Laterne seinen Weg sucht. Der Mantel symbolisiert seine Abgeschiedenheit von der Welt. Der Stock hilft ihm, seinen wahren Weg zu finden. Jeder einzelne Schritt muß vorsichtig abgetastet werden, doch die Laterne, die in diesem Falle sein Wissen und seinen Verstand symbolisiert, hilft ihm, damit er nicht hilflos umherirrt.

In vielen traditionellen Tarot-Karten ist vor dem Eremiten eine kleine Schlange zu sehen; diese symbolisiert die Intuition, die im richtigen Moment den richtigen Einfall oder „Zufall" hervorbringt, damit sich der Mensch aus dem Labyrinth, in dem er sich verirrt hat, wieder befreien kann.

Das Gitter, das sich über dem Gesicht des Mannes auf der Karte IX des Röhrig-Tarots befindet, läßt sich deshalb auch als Labyrinth deuten, als Symbol für die Verstrickung des Menschen in seinen eigenen Wünschen und Vorstellungen. Nur der Ariadne-Faden, die Schlange und daher erneut die Intuition, werden ihn aus seiner sich selbst auferlegten Gefangenschaft befreien.

IX
VIIII
L'Hermite
DER EREMIT
The Hermit
Virgo
find one's own light
wise leader
to think things over
rest in one's own center
completion, fruitfulness
time to harvest
Sein eigenes Licht finden
nach innen gehen
Vollendung

Der Mensch auf dieser Ebene verspürt den Wunsch, alles hinter sich zu lassen, um ein Einsiedler zu werden. Oft geschieht es, daß er sich wirklich in ein Kloster oder einen Ashram zurückzieht. Wenn er die Wandlung des Eremiten in sich nicht vollzogen hat, wird ihm seine Problematik folgen, egal in welchem Land der Erde er sich aufhalten mag. Er kann aber auch inmitten des Lebens stehen und sich innerlich als Eremit fühlen. In der Phase des Eremiten schöpft der Mensch Kraft aus seinem Ursprung, seiner inneren Quelle, und er weiß, daß er in Zeiten der Not sich immer in sein inneres Heim oder seinen Tempel zurückziehen kann, um wieder die Stärke zu erlangen, die er auf dem langen Weg seiner einsamen Wanderung braucht.

Der hebräische Buchstabe auf der linken Seite der Karte ist JOD (Hand). JOD steht für das Kind, das in TETH noch ein Embryo war. Es ist jetzt aus seinem Geheimnis hervorgetreten und nimmt sein Schicksal in die Hand. Das Kind in seinen ersten Jahren ist noch in Verbindung mit der anderen Welt, aus der es kommt, es kennt noch das Mysterium seines Ursprungs. Der Schleier des Traumes ist noch nicht fest über seine Augen gewoben, so kann es noch freudig und voller Neugier mit seiner Hand nach den Stoffäden, die sein Lebensmuster sein werden, greifen.

Der Eremit kennt keine Existenzängste, keine Eitelkeit, kein Bedürfnis nach Anerkennung. Er ist, wie er ist, aus der Tatsache, daß „er ist". So gesehen wird der wirkliche Weise das Kind befragen. Er wird das Kind in sich suchen, das Kind in sich wiederentdecken, das er solange aus Scham, weil es nicht in sein Erwachsenendasein hineinpaßte, totgeschwiegen hat. „So ihr nicht werdet wie die Kinder..." oder wie die Hand des Kindes, die nach allem und nichts greifen kann.

Die Rune ISA, auf der rechten Seite der Karte, heißt Eis, als Urmaterie, Ursprung, Urstrom, Stille oder Bewährung gedacht. ISA ist der gefrorene Boden, auf dem das Bewußtsein seine Wandel-Übungen ausführen wird; doch manchmal ist er kaum breiter als ein Haar und wird all unser Können fordern, um die Wanderung fortzusetzen.

Wer glücklich ist, kann glücklich machen,
wer's tut, vermehrt sein eignes Glück.

Joh. Ludwig Wilh. Gleim

X. Das Schicksals- oder Glücksrad

In allen Kulturen besaß das Rad als Symbol eine große Bedeutung. Von den Anfängen bis heute, sei es kultisch, religiös oder nur als Fortbewegungsmittel, stand es bildhaft für die große Zentrifugalkraft, die den Aspekt der Wandlung und Bewegung in sich trägt, auf dem des Menschen Da-Sein basiert.

Zentrifugalkraft bedeutet Bewegung aus der Trägheit des Körpers resultierend. Das Geheimnis des Rades liegt aber darin, daß es noch eine zweite Bedeutung aufweist: Es steht auch für die Zentripetalkraft, die auf das Zentrum gerichtete Kraft, die das Gleichgewicht hält.

Wenn der Mensch die Zentrifugalkraft transformiert in die Zentripetalkraft, dann hat er die zentrale Lektion seines Lebens gelernt. Von dem an der Peripherie des Rades hängenden Partikel, das von der Zentrifugalkraft des Rades ohne Ende gedreht wird, wird er zum Zentrum, daß heißt zu der Kraft selbst, die die Ursache der Bewegung ist. Der Mensch ist vom Opfer seines Schicksals zu dessen Mitgestalter geworden. Chronos selbst, als der Gott der Zeit, gibt ihm die Schlüssel dazu. Wenn der Mensch in absoluter Konzentration in seiner zentrierten Mitte ausharrt, dann wird er die Dimension „Zeit und Raum" hinter sich lassen und in der Ewigkeit sein, in jener Existenz, aus der er kommt und die seine Heimat sein wird, wenn er seine Körperhülle abgestreift haben wird.

Was hindert ihn daran, schon heute bewußt in dieser Ewigkeit zu leben? Es sind die zwei großen Triebe des Menschen, die er noch nicht völlig überwunden und beherrscht hat – den Selbsterhaltungs- und den Arterhaltungstrieb. Beide drehen noch immer an seinem Schicksalsrad. Seine Worte, seine Gedanken und seine Gefühle führen ihn noch immer weit weg von seinem Zentrum. Er muß aber lernen, völlig in sich selber, in seiner Mitte zu sein und das Rad des Samsara um sich drehen zu lassen.

Das Persönliche sollte zum Unpersönlichen werden. Er sollte in seinem Theaterdrama vom Schauspieler zum Zuschauer werden, die Regie kann er getrost der höheren Instanz übergeben, solange er noch nicht fähig ist, die Handlung des ganzen Dramas zu überschauen. Nachdem er diese Lektion gelernt hat, wird er überrascht feststellen, daß das Drama sich in eine Komödie verwandelt hat – in eine Göttliche Komödie, in der er seine göttlich geführte Rolle spielt. Ab diesem Augenblick hört der Schmerz und das „vom Schicksal Gebeuteltwerden" auf, weil er selbst bereit ist, seinen Widerstand aufzugeben und an jeder Drehung seines Rades aktiv und freudig teilzunehmen. In jedem sogenannten Problem wird er eine Lernaufgabe sehen, an der er nur wachsen kann. Also wird er nicht mehr gedreht, sondern nimmt aktiv sein Schicksal in seine Hände und kurbelt selbst sein Glücksrad an.

Diese Karte bedeutet Glück, Erfolg, unerwartete Gewinne, aber auch eine Zeit der Stagnation, in der anscheinend nichts vorwärts läuft. In solchen Zeiten muß der Mensch warten, bis das Rad sich wieder bewegt.

Herr dieser Karte ist Jupiter als Gleichgewichts- und Stabilitätsprinzip. Der hebräische Buchstabe ist KAF (Hand). „Hand" bedeutet bei dieser Karte, im Unterschied zur Karte IX, die Hand zum Greifen, zum Begreifen. Ab jetzt wird das Haus der Welt von einer anderen Ebene aus geführt, das menschliche Handeln steht unter dem göttlichen Gesetz.

Die Rune JERA bedeutet das Jahr, das Jahr im Sinne des Sonnenjahres. Sie symbolisiert den Jahreslauf ebenso wie die Ernte und die Fruchtbarkeit, die guten Zeiten, den Lebenszyklus. Sie ist die Rune der „ewigen Wiederkehr". JERA verkörpert die Idee der Auferstehung, des Werdens und Vergehens, wie es sich in den Jahreszeiten offenbart. So wie sich alles bewegt und im Kreis dreht, so dreht sich auch unser karmisches Rad mit uns und um uns, und die einzige Möglichkeit, aus diesem ewigen Kreislauf von Geburt und Tod befreit zu werden, besteht darin, in die Mitte unseres eigenen Rades zu gelangen und dort im „ewigen Sein" zu leben.

X
Selbstverwirklichung
Glück
Fortune
Luck
unerwartetes Glück
Creativity
Neubeginn
Selfrealization
großer Durchbruch
La Roue de Fortune
Kreativität
Schicksalrad
Unexpected Luck

Gerechtigkeit heißt der kunstreiche Bau des Weltgewölbes.

Friedrich Schiller

XI. Die Gerechtigkeit

Die Gerechtigkeit ist in der großen Arkana des Tarot auch von ihrer Zahl her die zentrale Karte. Sie nimmt eine ihr angemessene Position ein, da der Mensch in der Mitte seiner Entwicklung reif ist, mit sich selbst ins Gericht zu gehen, und wenn er dazu bereit ist, wird er die göttliche Gerechtigkeit erahnen.

In der vorherigen Karte (Das Glücksrad) stand eine geistige Lektion im Mittelpunkt, in der Karte XI soll das Gelernte in die Tat umgesetzt werden.

Die Gerechtigkeit ist die Karte der Unterscheidung: Bevor man urteilt, muß man unterscheiden können. Der Mensch, der in seiner Entwicklung seine geistig-spirituellen Fähigkeiten verfeinert hat, wird auf dieser Stufe mit sich und seiner Umgebung ins Gericht gehen. Er wird sich trennen von Gewohnheiten und Freunden, die nicht mehr zu ihm passen, wobei sich dies ganz natürlich vollziehen wird, da sich die Interessensfelder nicht mehr decken. Er wird strenger zu sich selbst sein, aber auch den anderen gegenüber. Er weiß, daß er mit seinen Taten der Schöpfer seines Lebens ist. Er erkennt, daß auch seine Eltern, seine Erziehung und seine Umwelt Produkt seiner Gedanken waren, deswegen kann er auch niemanden außer sich selbst verantwortlich für sein Leben machen. In dem Augenblick, da er diese Zusammenhänge erkennt, wird er sich mit dem Schwert der Gerechtigkeit von allem Belastenden trennen, das ihn am Weiterkommen hindert.

Die Karte XI des Röhrig-Tarots zeigt eine junge Frau mit verbundenen Augen – die Gerechtigkeit. Ihre Kleidung ist streng, hochgeschlossen. Sie möchte nicht durch ihre weiblichen Reize wirken, gleichzeitig ist sie aber in ihrem weiblichen Aspekt selbstbewußt und selbstverantwortlich.

Sie zeigt, daß uns nichts geschenkt, aber auch nichts vorenthalten wird. Für alles, was wir erhalten, erleben und erfahren, sind wir selbst verantwortlich.

Die Frau hält eine Waage in der Hand, das heißt, daß die Dinge, die entschieden werden müssen, geprüft und nach ihrem Ermessen abgewogen werden, bevor es zum Urteil kommt. Das Schwert im Vordergrund deutet den Mars-Aspekt dieser Karte an. Wenn das Urteil gefällt ist, wird das Schwert das Nützliche vom Unnützen trennen.

Der Aspekt des Wägens und des Wiegens ist auch in der Polarität zwischen Mars- und Venus-Energie enthalten, die sich im Einklang befinden. Die Waage wird von der Venus regiert. Der Einklang dieser zwei Energien – männlich und weiblich – erlaubt es, in die eigene Mitte zu kommen und die höchsten Ansprüche an sich zu stellen, nämlich die tiefe Gerechtigkeit im eigenen Wesenskern zu entdecken. Ohne diese Erkenntnis darf man es nicht wagen, der göttlichen Gerechtigkeit zu dienen.

Der hebräische Buchstabe der Karte XI ist LAMED (Ochsenstachel oder Stock). Die Hand greift nach dem Stock und setzt die Grenzen ihrer eigenen menschlichen Gerechtigkeit fest. Die göttliche Gerechtigkeit führt die Hand von oben, und eines Tages werden sich die menschliche und die göttliche Gerechtigkeit wieder begegnen, um erneut eins zu werden.

Die Rune NAUTHIZ bedeutet Not. Not macht erfinderisch. Die Not als Lehrmeisterin hat immer zur Evolution beigetragen. Oft verleiht nur die Not die Kraft zum nächsten Schritt, zur nächsten Stufe.

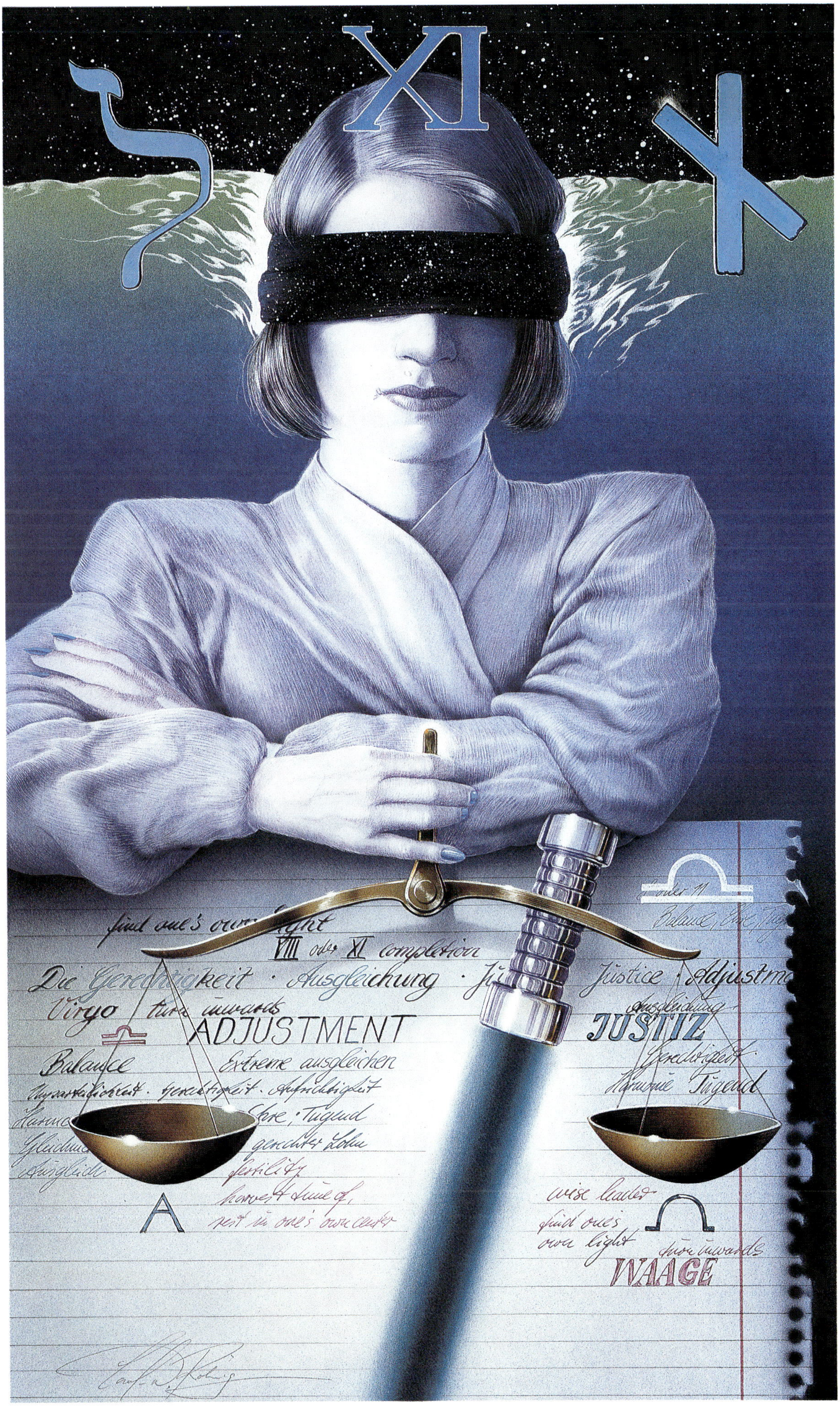
XI
find one's own light
VIII oder XI completion
Die Gerechtigkeit · Ausgleichung
Justice · Adjustm
Virgo turn inwards
ADJUSTMENT
JUSTIZ
Balance
Extreme ausgleichen
Gerechtigkeit
Harmonie Tugend
A
wise leader
find one's own light
turn inwards
WAAGE

Der Weg der Erlösung führt nicht nach rechts und nach links, er führt ins eigene Herz, und dort allein ist Gott, und dort allein ist Friede.

Hermann Hesse

XII. Der Gehängte

Der Weg des Tarot, der bis zur Karte XI (Die Gerechtigkeit) führte, wird als der aktive, männliche, dorische oder trockene Weg bezeichnet. Er steht für die ersten aktiven Stufen, die der Einzuweihende auf seinem Weg zur Vollendung zu erklimmen hat.

In der Karte XII (Der Gehängte) findet nun die absolute Hingabe statt, und damit beginnt der zweite Teil des Tarot-Weges, der als der passive, weibliche, ionische, mystische oder auch als der feuchte Weg bezeichnet wird.

Der Magier der ersten Karte ist hier zu einem Mystiker geworden. Nachdem er die Gerechtigkeit erfahren hat, ist er nur von dem einen Wunsch beseelt, Teil der göttlichen Wahrheit zu werden. Er gibt das Suchen auf, da er erkennt, daß das Suchen selbst das größte Hindernis für das Finden war. Er kehrt sich nach innen, und damit wird er umgekehrt. Er übergibt sich aus voller Liebe und von ganzem Herzen seinem Schöpfer, von dem allein er abhängen und abhängig sein möchte.

Aus dem Akt der Hingabe entsteht die Gewißheit, daß er vom Schöpfer nicht aufgegeben wird, und er erkennt gleichzeitig seine eigene Aufgabe. Diese Aufgabe lautet: Alle Menschen, die ihm begegnen, zu lieben und gemäß ihren Fähigkeiten zu fördern, damit sie eines Tages selbst bereit sein werden, in ihrer Person die Erfahrung des Gehängten zu machen.

Die Karte XII wird auch als die Christus-Karte bezeichnet. Es ist die Karte des „Dein Wille geschehe" und des vollkommenen Verzichtes auf den Eigenwillen.

Wenn man diese Karte des Röhrig-Tarots betrachtet, erkennt man einen nackten jungen Mann, der am linken Fuß aufgehängt ist. Das rechte

Bein ist frei und bildet zusammen mit dem linken Bein ein Kreuz. Seine beiden Hände sind nach hinten gebunden. Sein Kopf hängt herunter, und seine Haare berühren das Wasser, aus dem er möglicherweise herausgezogen worden ist. Das Wasser steht in diesem Zusammenhang als Symbol für das Unbewußte. Der Gehängte ist aus dem Unbewußten emporgehoben worden. Er darf zwar noch nicht vollständig den Bereich des höheren Bewußtseins schauen, aber mit einem Fuß berührt er schon diese Ebene. Seine gebundenen Hände deuten an, daß er auf jegliche körperliche Aktivität verzichtet, aber seine geistigen, medialen, telepathischen und spirituellen Kräfte sind voll aktiviert. Das Kreuz-Zeichen, das er mit den Beinen bildet, bedeutet, daß die Welt der Materie keine Macht mehr über ihn hat. Er träumt nicht mehr den Traum des „Habens", sondern er fängt an, den Traum des „Seins" zu leben. Der Magier am Anfang des Tarot-Weges wollte mittels seiner Fähigkeiten herrschen, der Gehängte möchte nach seinem Erfahrungsweg nur dienen.

In der Nacktheit des jungen Mannes zeigt sich sein Gelöstsein an, sein Verzicht auf jede Form von Äußerlichkeit und Besitz. Er möchte zu seinem Ursprung zurück, so wie er einst in diese Sphäre eintrat, ganz nackt.

Das Gesicht des jungen Mannes zeugt nicht von Schmerz oder Trauer, sondern von einem tiefen, verstehenden Annehmen seiner Situation. Die Opferung aus Liebe, wie sie hier stattfindet, schenkt ihm die göttliche Liebe.

Das astrologische Symbol dieser Karte, der Dreizack, ist Neptun gewidmet, dem römischen Wassergott, dem griechischen Poseidon. Wasser ist das Element dieser Karte, was auch durch den hebräischen Buchstaben MEM (Wasser) bestätigt wird. Wasser als die Ursubstanz, als Trägerin des Lebens, als Mutter des Unbewußten.

TIWAZ ist die Rune dieser Karte. Sie steht für die Essenz der Macht der nichtverhafteten, transzendenten Weisheit im Mittelpunkt der Dinge.

XII
THE HANGED MA
freeze
ending of a bogged do
situation/relationship
let go of, abandon
learning to look a new
necessity, break
old pattern of behavio
DER GEHÄNGTE
LE PENDU
PRÜFUN
TRI
TRIAL

Es muß das Herz bei jedem Lebensrufe
bereit zum Abschied sein und Neubeginne.
Hermann Hesse

XIII. Der Tod

Oh Tod! Du barmherziger Gevatter, der du den Menschen von Werden zu Werden begleitest, sei willkommen in unserer Mitte. Ohne dich würden wir das köstliche Geschenk des Lebens nicht bewußt und dankbar genug annehmen können. Du begleitest uns vom ersten Atemzug an und wartest geduldig bis zu unserem letzten. Dein liebevoller Dienst an der Menschheit hat nichts Grauenvolles an sich, nur wer dich nicht erkennt oder sich nicht an die früheren Begegnungen erinnert, verfällt, aus Unwissenheit, der Angst, und das ist der wahre Tod.

Wenn der Mensch eines Tages reif genug sein wird, um die Angst über den Tod zu besiegen, wird er einer wundervollen Freundin in die Arme fallen, der großen „Wandlerin".

Für viele Kulturen ist der Tod weiblich. So geben beispielsweise alle romanischen Sprachen dem Tod einen weiblichen Artikel: La morte, la muerte oder la mort, und alle diese Worte werden gebildet aus den gleichen Grundbuchstaben wie das Wort Mutter in diesen Sprachen. Und werden nicht unsere Körper in die tröstliche, tröstende „Mutter Erde" eingebettet?

Die Materie kehrt zur „Mater" zurück und transzendiert sie, da die Mater selbst der verstofflichte Teil Gottes ist. Durch das Geschenk der Körper, die, um die Lebenserfahrung reicher, zu ihr zurückkehren, wird sie selber zu dieser Erfahrung, und nur dadurch findet sie den Weg zurück zum Vater, um wieder in die Einheit zu finden, die vor allen Zeiten herrschte.

Das Absterben des Körpers bewirkt gleichzeitig die Befreiung des Geistes, der dorthin zurückkehrt, wo er seinen Ursprung nahm, um nach der notwendigen Reinigung sich wieder auf sein nächstes Erdenleben vorzubereiten. In seiner neuen Geburt in die Materie wird ihn die Mater, die Mutter (La Morte) in seinem Werden erneut begleiten.

Das Röhrig-Tarot enthüllt prägnant diesen Aspekt des Todes und des Lebens. Der untere Teil der Karte zeigt einen Menschenschädel, aus dem ein engelhafter Frauenkörper entspringt. Tod und Wiedergeburt. Morte, die Mutter für das zukünftige neue Leben.

Die Karte XIII (Der Tod) will nicht nur unsere Ängste vor dem Tod transformieren, sondern weist auf eine andere Form von Tod mitten im Leben hin, und dies wird vom Einzuweihenden irgendwann erlebt. Es ist der geistige Tod des Egos, der die Wiedergeburt der Seele ermöglicht. Der Mensch auf dieser Ebene erfährt gewissermaßen einen Tod, einen initiatischen Tod, mit allen seinen Begleiterscheinungen wie Trennungsängsten und Schmerz, bis hin zu einer wirklichen Gefährdung seiner physischen Existenz. Auf jeden Fall wird er sich eine gewisse Zeit lang bewußt im Angesicht einer höheren Existenz aufhalten, von wo er nach bestandener Probe gestärkt und reicher an Erfahrung zu seinem „normalen" Leben zurückkehren wird. Viele Todesriten, die zur Einweihung dienten, erfüllten diesen Zweck. Sie sollten den Menschen von seiner Todesangst befreien und somit reif machen für das Leben. Auch Goethe wußte hiervon, als er schrieb: „Und solang du das nicht hast, dieses Stirb und Werde, bist du nur ein trüber Gast auf der dunklen Erde." Es gilt Ja zu sagen zum Tod als dem Verwandler und Transformator. Ja zu sagen zum Tod, heißt Ja zu sagen zum Leben.

Das astrologische Zeichen der Karte ist dem Wasserzeichen Skorpion gewidmet. Skorpion ist in der Astrologie das Tier, das das Geheimnis der Transformation und des Todes in sich trägt.

Der hebräische Buchstabe der Karte lautet NUN (Fisch). NUN weist auf das Erscheinen des Lebens, auch des Menschen, im Wasser am Anfang von Zeit und Raum dieser Welt hin.

Die Rune der Karte XIII ist BERKANO, was Birke bedeutet. Mit BERKANO ist die Birkengöttin, die Urmutter gemeint, die über den Vorgang der menschlichen und irdischen Wandlung wacht, über Geburt, Leben und Tod bis hin zur neuen Auferstehung (Wiedergeburt). Der Tod ist nicht mehr getrennt vom Leben, so wie das Leben nicht mehr vom Tod getrennt ist. Alles ist ein Kontinuum, das eine ist die Fortsetzung des

XIII
REBIRTH
Rebirth
LA MUE
Tod und Wiedergeburt
DEATH
TOD
MUERTE

anderen. Krishnamurti spricht es deutlich mit den Worten aus: „Wir haben das Leben vom Sterben getrennt, und das Intervall zwischen beiden ist Furcht.“ Dieser Furcht gilt die Wandlung, die dann eintreten wird, wenn der Mensch bereit ist, den Tod in sich anzunehmen.

Der tugendhafte Mensch wählt die Mitte
und entfernt sich von den beiden Extremen,
dem Zuviel und dem Zuwenig.

Aristoteles

XIV. Die Mäßigkeit

Nach dem Tod des Egos oder dem initiatischen Tod, der für manche mit erschütternden Erlebnissen und Erkenntnissen verbunden ist, wird der Einzuweihende die Lektion des Gleichgewichtes lernen. Nur im Gleichgewicht kann man unbeschadet die Energien anwenden, die in der Karte des Todes freigesetzt worden sind. Nicht wenige geistig Kranke, die in Sanatorien leben, sind Opfer der nicht verstandenen oder nicht richtig angewandten Kraft der Mäßigkeit.

Oft ist der Mensch in seiner Suche so stürmisch, daß er nach Erfahrungen drängt, für die er noch nicht die entsprechende Reife besitzt. Das löst im Körper einen Kurzschluß aus. Es sollte nicht vergessen werden, daß es sich um sehr feine, hohe Energien handelt, die bereit sind, mit und für den Menschen zu arbeiten, aber zuvor muß er an Körper und Geist gereift sein.

Die Mäßigkeit oder, passender, die Ausgewogenheit, wird im Röhrig-Tarot durch eine junge, schöne nackte Frau dargestellt. Ihre Nacktheit wird verhüllt durch eine Feder, was bedeutet, daß sie soviel Lebensbalast abgelegt hat, daß sie leicht wie eine Feder geworden ist, und entsprechend dieser Eigenschaft kann sie fliegen.

Vor ihr befinden sich zwei Schalen, von denen die eine rote und die andere blaue Flüssigkeit enthält; es sind die beiden Energien, die positive und die negative, die sich in der Mitte vereinigen, um in die Balance, ins Gleichgewicht zu kommen. Die junge Frau hält ihre Hände über die Schalen, aber sie berührt sie nicht. Das heißt, daß sie mit den feinen Energien der Polarität umgehen kann, und nur durch ihr geistiges „Wollen" gelangen die Gegensätze in Einklang.

Auch in dieser Karte bildet Transformation ein Thema, und zwar die Wandlung von einer negativen in eine positive Kraft. Der Mensch auf dieser Ebene wird weiterhin bemüht sein, seine negativen Eigenschaften in positive zu transformieren, und gleichzeitig wird er souverän in seiner Mitte verankert bleiben.

Die Karte XIV ist dem astrologischen Zeichen des Schützen gewidmet. Der Schütze wird dargestellt als ein Zentaur, halb Mensch halb Tier, der seinen Idealen nachjagt. In der Hand hält er einen Bogen, in dem ein Pfeil steckt. Nur wenn er seine tierische Natur überwindet, wird er mit seinem Pfeil das erreichen können, was er immer erträumt hat, die höchste Wahrheit.

Schütze gehört zum Element Feuer, aber in der Karte XIV ist auch das Wasser enthalten. Die Rune LAGUZ bedeutet Gewässer im Sinne von kosmischem Urwasser, und sie ist das Tor zum Verborgenen. Durch diese Rune werden die Tiefen der Seele offenbar – in all ihrer Schönheit, aber auch in ihrer Schrecklichkeit. Sie symbolisiert auch die Festigkeit des Menschen in einer Prüfung.

Der hebräische Buchstabe SAMECH bedeutet Wasserschlange. Die Schlange schließt sich zu einem Kreis, und der Kreis ist vollendet. Der Mensch im Wasser, im Zeichen des Fisches (Schlange), ist der ideale Mensch unserer Wirklichkeit, so wie Gott ihn gewollt hat und so, wie er sich selbst nach dieser Vollkommenheit sehnte.

ס
XIV
ו
Kunst
Sagittarius
Ausgleichung innere
Alchemie
kreative Kraft
Feuer und
Wasser
Art
uniting the opposites
blanking out
inner change transformation
alchemy quantum leap
creative powers (forces)
Temperance

Der Edle Mensch liebt die Tugend,
der Gemeine liebt materiellen Gewinn.
Der Edle Mensch bedenkt die Konsequenzen seiner Taten, der Gemeine bedenkt nur, welchen Gewinn ihm seine Taten bringen könnten.

Konfuzius

XV. Der Teufel

Der „Mäßigkeit" folgt der „Teufel". Dieser arme Teufel spielt wieder einmal den Versucher. Nachdem der Sucher sich in seiner erreichten Ausgewogenheit sicher fühlt, begegnet ihm, seinen Fähigkeiten und Neigungen entsprechend, der große „Versucher". Er kann ihm mit tausend Gesichtern begegnen: Ein gutes Geschäft, das auf Kosten anderer geht; Neidgefühle; Kaufwut; unkontrollierte Wutausbrüche; Faulheit; Geiz; Gefräßigkeit; Eitelkeit; Stolz und nicht zuletzt triebhafte Sexualität. Aber warum spielt gerade der „Teufel" die Rolle des Versuchers? Die Erklärung ist einfach. Er ernährt sich von den Schatten und den dunklen Seiten unseres Daseins und hält uns den Spiegel vor, damit wir in die verborgensten Winkel unseres Egos sehen und erkennen können, wie wir wirklich sind. Je mehr wir unsere eigenen negativen Eigenschaften verdrängen oder nicht wahrhaben wollen, desto weniger kommen sie ans Licht und entsprechend schwerer können sie transformiert werden. Der Teufel, mit seinen Versuchungen und Fallen, hilft uns also, unseren negativen Aspekt zu erkennen.

Der aus Arkadien stammende Hirtengott Pan, dargestellt als tiermenschliches Wesen, mit Bockshörnern und Beinen, hat die Vorstellung vom „Teufel" über Jahrhunderte hinweg stark geprägt. Mit seiner Panflöte versetzte er die Nymphen in „panischen Schrecken" (Panik wird von Pan abgeleitet). So wie der Teufel ebenfalls den Menschen schrecken soll und es genießt. Es ist offensichtlich, daß ein Mensch, solange er sich mit Ängsten plagt, in dieser Zeit seine Gotteskindschaft vergißt.

Was verbirgt sich hinter dem „Teufel" oder hinter „Pan". Wenn Gott alles in allem ist, dann bleibt kein Raum für irgendetwas außer Gott. So gesehen manifestiert auch der „Teufel" einen Teil Gottes, und zwar seinen „Gegenpol". Ihm kommt eine Bedeutung in der Welt der Erscheinungen zu. Die göttlichen Energien helfen dem Menschen, sich zu erheben, die „teuflischen Energien" drücken ihn nieder. Die Aufgabe auf der Stufe dieser widerstreitenden Kräfte ist es, die niedrigen Energien zu erheben und den Teufel im Menschen zu erlösen, damit er eines Tages wieder Teil des Ganzen sein kann, rückgekehrt in die ursprüngliche Einheit – aber im Zustand der vollkommenen Bewußtheit.

Der „Teufel" ist die Karte der Versuchung auf allen Ebenen, unter anderem auch der Aspekt der Sexualität, die nur auf die Befriedigung der niederen Instinkte zielt. Solange der Mensch Opfer dieser Ge-triebenheit ist, ist er Opfer des Teufels. Wenn der Mensch zu einem höheren Bewußtsein erwacht, wird er die Sexualität genießen, aber er wird nicht mehr von ihr abhängig sein.

Das Röhrig-Tarot zeigt auf der Karte XV in der Mitte einen jungen Mann, der mit magnetisch wirkenden Augen seine Umwelt betrachtet. Diesem Blick kann man sich kaum entziehen. Er kennt die Gedanken seines Gegenübers und kann sie sich deshalb zunutze machen und seine eigene Kreativität und die der anderen bereichern. Er arbeitet mit der transformierten Energie dieser Stufe. Der „Teufel" kann eine aufbauende und schöpferische Kraft sein, wenn sie richtig kanalisiert wird.

Im oberen Teil der Karte ist die Gefahr dieser Energie durch die Abbildung mechanischer Teile dargestellt. Je stärker wir unsere Welt mechanisieren, desto weiter werden wir uns von unserem Ursprung entfernen, mit der Gefahr eines gewaltigen „Kreislaufkollapses". Die Natur ist geduldig und bereit, den Menschen zu ernähren und zu erfreuen, doch wenn der Mensch grausam mit ihr umgeht, wird sie sich von ihm abwenden. Das Resultat wären Katastrophen, bis hin zur totalen Zerstörung dieses Planeten Erde. Deshalb sollte jeder einzelne an sich arbeiten. Die Umweltverschmutzung ist nicht „um uns", sondern „in uns". Die radikale Änderung sollte sich im Wesenskern jedes einzelnen vollziehen, dann wird auch die Umwelt gereinigt. „Wie oben so unten" oder „wie innen so außen".

Das astrologische Zeichen dieser Karte ist dem kardinalen Erdzeichen,

XV
Sex
Der Teufel
Capricorn · Sexuality ·
Sensuality · creative
Individuality
Le Diable
XV
THE DEVI

dem Steinbock, gewidmet. Der Steinbock ist ein gehörntes Tier, so wie auch klassischerweise der Teufel abgebildet wird. Der Steinbock ist beharrlich und ausdauernd, er erklimmt die höchsten Bergesspitzen, die ohne große Disziplin nicht zu erreichen wären. Auch der „Teufel" besitzt große Ausdauer und Disziplin, mit denen er ständig auf der Lauer liegt, um die menschlichen Schwächen auszunutzen.

Der hebräische Buchstabe lautet AJIN (Auge). Das Auge kann die Einheit sehen, abhängig davon, mit welchen Augen man schaut. Wie ist die Sichtweise, nur äußerlich oder umfassend? Siegt im Leben Samech, die Schlange (Teufel), dann funktioniert nur das äußere Auge, und man erschaut nur einen Teil der Wahrheit. AJIN und der erste hebräische Buchstabe (ALEPH), der Einheit bedeutet, haben mehr gemeinsam, als bei oberflächlicher Betrachtung vermutet werden mag. ALEPH steht für Gott in der Einheit, AJIN ist das Auge der Betrachtung. Könnte es nicht auch das Auge Gottes sein, der sich selbst betrachtet? So läßt sich der Zusammenhang zwischen Gott und Teufel tiefer verstehen.

Die Rune ELHAZ bedeutet Elch. Diese Rune gilt als eine der mächtigsten innerhalb der germanischen Symbolik. Angedeutet wird sie durch die gespreizte Hand, deren tieferer Sinn Menschlichkeit und Schutz ist. Die Rune ELHAZ symbolisiert die Lebenskraft und Erneuerung, die im mystischen Elch ihre Verkörperung findet. Sie bedeutet auch das Erkennen von überpersönlichen Faktoren, die Schau von Zusammenhängen, den Schutz gegenüber unerwünschten Fremdeinflüssen, die Entlarvung von Illusionen und Fremdsuggestionen.

Die Energie, die dem Menschen am intensivsten Illusionen vorgaukelt, ist jene des „Teufels". Zu versuchen, sie auszumerzen, wäre unklug, der Weise bedient sich ihrer und transformiert sie zu edleren Zwecken.

Jetzt oder nie!
Ich muß den teuren Augenblick ergreifen.
Friedrich Schiller

XVI. Der Turm

Die angesammelte Energie aus der vorherigen Karte (Der Teufel) ist außer Kontrolle geraten und richtet Zerstörung an. Der Turm ist getroffen, er zerbirst in zwei Hälften.

Der Turm steht für die Gedankengebäude des Menschen; er ist das, was der Mensch gebaut hat, um sich darin zu verstecken, es ist sein Ego und alles das, was er erdacht hat, um sein Ego zu schützen. Im französischen Tarot heißt diese Karte „La Maison de Dieu", was „das Haus Gottes" bedeutet.

Drei Baumeister haben den Turm erbaut: Der erste ist die Ignoranz, das heißt die Unkenntnis der Tatsache, daß die spirituellen Lehren nicht materialisiert werden sollen, sondern den geistigen Bereichen angehören. Der zweite Baumeister ist der Fanatismus, der Gottes Haus dem anderen mittels seines aufgeblasenen Egos versperren will: „Ich kann es besser", „ich weiß es besser", „die anderen sind nicht würdig". Der dritte Baumeister ist der Ehrgeiz, den höchsten Turm zu bauen und damit Gott erreichen zu wollen. So gesehen baut sich jeder seinen eigenen Turm zu Babel, in dem er zugleich Gefangener und Wächter ist, bis der große Blitz einschlägt, der ihn erschütttert, zerstört, aber gleichzeitig auch befreit.

Der Turm symbolisiert auch die Gesellschaft, die, aus Arroganz und Unwissenheit heraus, sich als den Nabel der Welt betrachtet und daher das Recht für sich in Anspruch nimmt, diesen Planeten auszubeuten. Wenn auf diesem Feld nicht ein radikales Umdenken erfolgt, braucht sich die menschliche Gemeinschaft nicht verwundern, wenn eines Tages der „Blitzeinschlag" erfolgt.

Der Zerstörungseffekt dieser Karte trägt jedoch auch den Samen der Heilung in sich. Wer diese Verlustebene einmal erlebt und überlebt hat, weiß, daß materielle, geistige oder spirituelle Umwälzungen ihn in seinem Kern nicht zerstören können. Er erkennt Gott in seiner höchsten Weisheit an und weiß, daß das Erlebte seiner Reifung gedient hat.

Im Röhrig-Tarot erkennt man einen Turm, der auseinanderfällt, scheinbar ohne äußeren Einfluß. Die Türe des Turmes ist versperrt, die Kommunikation mit der Außenwelt nicht mehr möglich. In der Mitte des Turmes befindet sich ein hell erleuchteter Raum, in dem die geistige Energie gesammelt wurde. Nicht kanalisierte Energie, die sich anstaut, führt zu der gefährlichen Situation, wie sie die Karte XVI zeigt: Sie sprengt den Rahmen.

Der Fußboden des Raumes ist schwarz-weiß kariert. Dies deutet auf die zwei Ebenen im Menschen hin, seine materielle Ebene (schwarz) und seine geistige (weiß). Der Mensch kann die Trennung, die ihn von der höchsten Sphäre fernhält, nicht überwinden, solange er die Materie, in der er lebt (d.h. sein Körper) nicht der nötigen Transformation unterworfen hat, die unbedingt erforderlich ist, damit sein Körper und sein Geist diese erschütternde Probe oder Prüfung überstehen können.

Das astrologische Symbol der Karte ist, wie nicht anders zu erwarten, Mars. Mars, der Gott des Krieges, in seinem zerstörerischen, vernichtenden Aspekt. Aber es darf nicht vergessen werden, daß nach der Zerstörung ein neuer Aufbau stattfindet, diesmal mit tieferen Kenntnissen über Strukturen und Fundamente – oder aber der Mensch verzichtet ab jetzt freiwillig auf den Neubau eines Turmes.

Der hebräische Buchstabe der Karte ist PE, was Mund oder Sprache bedeutet. Man sagt: „Der Mund Gottes spricht." Es ist bekannt, daß „Gott sprach, und die Welt wurde erschaffen", die Welt also Gottes gesprochenes Wort darstellt. Aber auch die Worte, die der Mund des Menschen formt, warten darauf, Gestalt anzunehmen. Ob der Mensch denkt, weint oder lacht, alles, was er denkt oder sagen wird, wird ihm eines Tages begegnen, ob er will oder nicht. Denke also Gedanken der Liebe und sprich Worte der Freundschaft, dann wirst Du diesem Planeten den größten Dienst erwiesen haben. Auch wird die Kraft der Zerstörung, die den Turm heimsucht, vorbeiziehen, und der Planet wird wieder werden, was er einst war, eine paradiesische Sphäre.

Die Rune ist YR und hat die umgekehrte Bedeutung der Rune ELHAZ aus der vorherigen Karte. Die Lebensenergie in ELHAZ ist in YR eine

XVI
destroing
old things
spiritual renewal
Self-knowledge

gestaute Energie geworden, und alles droht auseinandergesprengt zu werden, wenn nicht durch PE, den Mund, ein Austausch erfolgt.

Wenn die Karte des „Teufels“ eine Herausforderung darstellte und eine Versuchung bildete, so bedeutet der „Turm“ die Umwälzung alles bis jetzt Gelernten, damit in der nächsten Karte (Der Stern) wieder eine neue, verfeinerte Form in Erscheinung treten kann.

Wo Klarheit herrscht, da ist auch Ruhe
oder entsteht doch nach und nach von selbst.
Wilhelm v. Humboldt

XVII. Der Stern

Der Mensch, der die zerstörerischen Aspekte des Turmes hinter sich gelassen hat, wird frei sein wie die Luft und nach den Sternen greifen. Alles ist leuchtend und klar. Myriaden von geistigen Lebewesen nähern sich ihm, um ihn zu trösten und zu begleiten. Wie schön doch das Leben ist! Dank Dir, Schöpfer, der Du mich durch alle meine Erkenntnisse begleitet hast!

Demut, Liebe, Erkenntnis, Wissen und ein aus eigenem Schmerz geborenes tiefes Verständnis dem „Anderen" gegenüber kennzeichnet diese Karte. Der Mensch auf der Sternen-Ebene spricht: „Ich habe die Versuchung erlebt, aus dem Schmerz bin ich neu geboren worden. Gott-Vater-Mutter weist mich auf meine neue Auf-Gabe hin.

Ohne Dich bin ich wie Staub im Wind.
Ohne Dich bin ich das wild dahinfließende trübe Gewässer.
Ohne Dich bin ich das zerstörende Feuer.
Ohne Dich bin ich das luftige Wort, das Unheil bringt.
Durch Dich, oh Herr, werde ich zum Stern!

Welche Kraft der Hingabe gehört dazu, bevor der Mensch all dies einsieht und sich freut über den zurückgelegten und den bevorstehenden Weg.

An dieser Stelle soll ein Rückblick erfolgen:

Die ersten fünf Karten gehörten zur theoretischen Ausbildung:

I. Der Magier: Ich bin nicht nur Körper, sondern Geist.
II. Die Hohepriesterin: Die Polarität, das unentschleierte Geheimnis, das Diesseits und das Jenseits, die Dualität.
III. Die Herrscherin: Das Weiblichsein in allen seinen Aspekten, die Urmutter, die Natur.

IV. Der Herrscher: Der irdische Vater, das Ordnungsprinzip, der Beschützer, die Materie.
V. Der Hohepriester: Der geistige Vater, die ersten Schritte des Gebens, die Liebe, die zwei geistigen Wege.

An dieser Stelle fand die erste moralische Probe statt. Dann kamen die weiteren Lektionen.

VI. Die Liebenden: Ab hier darf das Gelernte ausprobiert, Entscheidungen getroffen und die physische Liebe gelernt werden.
VII. Der Wagen: Entscheidungen sind getroffen. Herr über das eigene Leben.
VIII. Die Kraft: Energie wandeln.
IX. Der Eremit: Der Wunsch nach Vervollkommnung.
X. Das Glücksrad: Gefühle und Triebe beherrschen und somit das Rad zum eigenen Glück drehen.
XI. Gerechtigkeit: Das Gesetz der Liebe – sich selbst und dem anderen gegenüber – erfüllen.
XII. Der Gehängte: Die vollkommene Aufgabe des Ich.
XIII. Der Tod: Das Opfer in sich selbst – Wandlung.

Ab hier beginnt der Eingeweihte aus eigener Erkenntnis heraus zu wissen, was um ihn und mit ihm geschieht.

XIV. Die Mäßigkeit: Erlangen des Gleichgewichtes. Kunst.
XV. Der Teufel: Probe der Konfrontation mit der Materie und der Sexualität.
XVI. Der Turm: Eine der letzten Mutproben – man verliert alles, bevor man alles gewinnt.
XVII. Der Stern: Empfänglichkeit, Empfindung, das Geleitetwerden, der Kontakt mit dem Meister. Ab hier beginnt die mystische Erleuchtung.
XVIII. Der Mond: Das unterbewußte Erkennen, Annehmen und das mutige Weitergehen.
XIX. Die Sonne: Die Karte des Du und der Harmonie.
XX. Das Gericht: Das totale Erwachen.

XVII
L'Etoile · Der Ste
The Star
Aquarius, Inspiration,
Crystallization, Self-
clear Vision, Self-Confidence
Conjunction with
universal

XXI. Die Welt: Das Bewußtsein der eigenen individuellen Seele, gebunden an den absoluten Geist.

O. Der Narr: Ende – Anfang – neue Ebene.

Die Karte XVII des Röhrig-Tarots zeigt das Profil einer jungen Frau. Ihr Gesicht strahlt eine klare, innere Schönheit aus. Ihre Gesichtszüge sind weich und doch bestimmt. Von der Physiognomie her könnte man sagen, sie hat ihren Ich-Wunsch und ihre Ich-Vorstellung in die Tat umgesetzt. Auf ihrem Scheitel-Chakra leuchtet ein Licht, ihr persönlicher Stern, von dem allein sie sich leiten läßt. Wer ist die abgebildete Frau? Es ist Eva, welche die inkarnierte Menschheit repräsentiert. Nachdem sie so viele schwere Proben überstanden hat, ist sie zur höchsten Einsicht gelangt, und mit wahrem Mut lebt sie das wahre Leben. Sie weiß, daß jeder sein Schicksal zu erfüllen, jeder eine Aufgabe übernommen hat. Jedes inkarnierte Wesen arbeitet teilweise selber an dem Programm, das es zu erfüllen beabsichtigt. Jeder Erdenwanderer bekommt ein Ziel, die wichtigsten Etappen sind festgelegt. Die Verwirrung und der Schmerz im Leben entstehen stets dann, wenn man sich von dem selbstgewählten Schicksalsweg entfernt. Die freie Entscheidung, die wir besitzen, kann uns von unserem Pfad weit entfernen, aber sie kann uns mit uns selbst und dem Weg wieder verbinden.

Der Mensch auf der Stufe des Sterns kann die Stimme des Meisters vernehmen und wird seinen Weg nicht mehr verlassen. Er empfindet reine, selbstlose Liebe sich selbst und den anderen gegenüber. Er ist selbst auf dem Wege zur Meisterschaft.

Der hebräische Buchstabe ist ZADE (Angel). Wir leben, biblisch gerechnet, im Zeichen der Fische. Die Angel wird den Menschen in das kommende Wassermann-Zeitalter hinüberführen. Die Karte XVII ist dem astrologischen Zeichen des Wassermanns gewidmet, dem fixen Luft-Zeichen, das Offenheit gegenüber allem Neuen andeutet.

Die Rune des Sternes ist EIHWAZ, das bedeutet Eibe. Die Rune EIHWAZ ist das Sinnbild der Vertikalachse des Weltenbaumes. Um dieses ordnende Prinzip herum rankt sich die ganze Schöpfung. Die Eibe ist der heilige Baum der Zauberer und Schamanen.

Die tiefe Reinheit der Karte „Der Stern" wirkt beglückend und verspricht Hoffnung auf eine bessere Welt.

Im tiefsten Winter erkannte ich,
daß in mir ein unbesiegbarer Sommer wohnt.
Albert Camus

XVIII. Der Mond

In der Karte XVII schien alles schon so klar, so deutlich, man war dem Ziel bereits sehr nahe. In der Karte „Der Mond" wird alles wieder schattenhaft, undeutlich, verschleiert, und neue Hindernisse trennen den Suchenden vom Ziel.

Diese Karte des Röhrig-Tarots zeigt eine junge Frau in träumender oder meditierender Haltung. Ihre Hand hält sie vor das Gesicht, um sich vor den Mondstrahlen zu schützen. In Wirklichkeit ist es so, daß sie weder träumt noch meditiert. Sie versucht, sich zu erinnern. Sie erforscht die Vergangenheit, alles Erlebte. Jede Handlung, jeder Gedanke erhält den entsprechenden Platz. Sie wertet nicht, sie erlebt alles noch einmal, bevor sie sich davon trennt. Jede menschliche Bindung, die sie in ihrem Leben eingegangen ist, wird in tiefer Liebe gelöst. Sie weiß, daß das unbedeutendste Gefühl sie an ihrem Weiterkommen hindern würde. Sie muß frei sein von jedem materiellen Wunsch und frei von jeder Bindung, um den unbekannten Weg, den der Mond beleuchtet, zu finden und zu gehen.

Auf der linken Seite der Karte wird in einer Skizze eine der herkömmlichen Tarot-Karten angedeutet, und zwar ein Mondgesicht vor dem Hintergrund einer Sonne. Am Horizont rechts und links zeigen sich zwei Türme und dicht davor zwei bellende Hunde. Ganz im Vordergrund befindet sich ein Teich, an dessen Wasseroberfläche ein Krebs zu sehen ist. Zwischen dem Teich, den Hunden und den Türmen schlängelt sich ein schmaler Weg. Der Teich symbolisiert das Unbewußte des Menschen, alle seine verdrängten Taten und Wünsche, die er jetzt ans Licht, und sei es auch nur ein schwaches Mondlicht, bringen muß. Der Krebs im Teich verweist auf den Ursprung des Menschen, der in der Vergangenheit zu suchen ist. So wie der Krebs am liebsten rückwärts läuft, so wird jetzt der Mensch seine Vergangenheit rückwärts bis zu ihrem Ursprung durchlaufen. Die zwei Hunde sind die zwei Triebe des Menschen, wie sie schon in der Karte X (Das Glücksrad) aufgezeigt wurden, und zwar der Selbsterhaltungs- und der Arterhaltungstrieb. Der Mensch darf sich von den zwei bellenden Ungeheuern (Trieben) nicht erschrecken lassen. Wenn der Wunsch, sein Ziel zu erreichen, wirklich groß ist, wird er weitergehen, und die Hunde werden ihn nicht aufhalten können. Die zwei Türme am Horizont symbolisieren die letzten materiellen Hindernisse, die bedrohlich wirken, bevor man das trügerische Mondlicht hinter sich läßt, um einen erleuchteten Weg zu betreten. Auch auf dieser Stufe muß der Eingeweihte seinen ganzen Mut aufwenden und sein ganzes Wissen einsetzen, um sich nicht von Äußerlichkeiten aufhalten zu lassen. Im Röhrig-Tarot verdeckt der Mond die Sonne. Der Mond verfügt über kein eigenes Licht, das heißt er reflektiert nur das Sonnenlicht. Er spiegelt etwas vor, er verzaubert den Menschen, doch auch diese Verzauberung muß er durchschauen lernen.

Der „Mond" ist die Karte der Träume, die aus dem Meer des Unbewußten aufsteigen. Als mystische Karte führt uns der Mond in eine andere Wirklichkeit. Der Weg, der durch die „Türme" führt, verläßt die irdische Dimension, um in den Bereichen der überirdischen Wirklichkeit einzutauchen.

Der hebräische Buchstabe der Karte XVIII ist KOF (Nadelöhr). Es ist der Weg des Menschen, der von der Welt des Handelns, vom Jetzt, durch das Tor des Unsichtbaren hinüber in die Welt der Zukunft führt.

Die Rune der Karte ist OTHALA, was Odal-Land bedeutet. OTHALA ist das heilige Gehege. Darin sind der Grundplan und die Ideen von „Innenseite" und „Außenseite" enthalten. Es ist das Zeichen des zu heiligen Zwecken ausgegrenzten Ortes, des Tempels oder der Kultstätte. OTHALA beschreibt die Essenz des Mysteriums von Ebbe und Flut, das, bekanntermaßen, vom Mond gesteuert wird.

Der Mond ist die Karte des „Wanderers zwischen zwei Welten". Der Wanderer soll seine letzten Ängste hinsichtlich seiner Körperlichkeit überwinden, um in die Welt der Sonne einzutauchen.

XVIII
La Luna XVIII
Der Mond
The Moon
ILLUSIONS
LA LUNA
The Moon
Der Mond

Die Selbsterkenntnis ist die
Quelle allen Wissen.
Lu Chiu-yüan

XIX. Die Sonne

Nach den Sternen und dem Mondlicht erscheint im Tarot endlich das Sonnenlicht. Das Halbdunkel, das Schattenhafte, das den Mond umgab, verschwindet und damit auch jene Unsicherheit und Unwissenheit, die den jungen Magier von der ersten bis zur Mondkarte begleitet hat. Der große Er-Heller läßt alles in neuem Licht erstrahlen.

Die Sonne ist in der deutschen Sprache weiblich, aber in vielen anderen Sprachen ist sie männlicher Natur. Sie wird der Herr des Lichtes genannt und auch Herr des Lebens, da ohne Sonne das Leben nicht möglich wäre. Sie wird auch Herr der Liebe genannt, da sie pausenlos ihr Licht und ihre Wärme schenkt, ohne dafür etwas für sich selbst zu verlangen. Schließlich ist sie auch der Herr der Freiheit, denn ohne die Sonne in uns würden wir dieses Gefühl der grenzenlosen Freiheit nicht erleben können.

Das Röhrig-Tarot zeigt auf der Karte „Die Sonne" im Hintergrund einen Menschen auf einem Berggipfel, der mit erhobenen Händen sich des Lebens und der Freiheit erfreut; er ist frei wie ein Vogel und würde am liebsten der Sonne entgegenfliegen, um so seinen Dank für alle Wohltaten zum Ausdruck zu bringen. Die Sonne war in seinem Leben stets die Ernährende und die Freudespendende.

Aus der Tarot-Sonne regnet es Leben herab, als Zeichen der Erneuerung des immerwährenden Bundes zwischen Himmel und Erde: Das Leben wird durch Leben erhalten.

Im Vordergrund der Karte erkennt man eine Skizze: Auf der rechten Seite ist eine Ziegelmauer gezeichnet, hinter der zwei Sonnenblumen herausschauen. Eine der beiden Sonnenblumen ist nicht fertig ausgemalt. Die Mauer ist der Schutzwall, hinter dem der Mensch auf der Stufe der Sonne sich aufhält, um sein Glück, seine Freude und seinen Erfolg vor neidischen Blicken zu schützen. Die Sonnenblumen hinter dieser

Mauer symbolisieren, daß der Mensch den Einklang mit der Natur wiedergefunden hat. Die unvollendete Sonnenblume stellt sein Versprechen dar, die Natur zu achten und zu schützen, damit auch die nächste Generation das Leben auf dieser Erde lebenswert vorfindet.

Die Karte „Die Sonne“ bedeutet die totale Verwirklichung auf der materiellen, seelischen und geistigen Ebene. Sie ist die Karte der Harmonie, des Glückes in der Partnerschaft und im Beruf. Sie steht für Begriffe wie Selbstvertrauen, Selbsterkenntnis, Selbstbewußtsein und Selbständigkeit. Der Mensch, der einen so langen Tarot-Weg hinter sich gebracht hat, genießt endlich die Früchte seine Erfolges. Eine tiefe Liebe und Demut kennzeichnet ihn, da er weiß, daß alles, was in sein Leben tritt, ein Geschenk Gottes ist.

Aber diese Karte steht auch für die Erlösung der Geschlechter – das Männliche und Weibliche befinden sich nicht mehr in der Polarität, sondern im Einklang. Die Gegensätze verschmelzen. Das bedeutet nicht, daß Mann und Frau sich sexuell nicht mehr lieben werden, das Gegenteil ist der Fall: Sie werden sich lieben im Bewußtsein des eigenen Ichs und in der Achtung gegenüber dem anderen, dem Du, um gemeinsam in ihrem innigsten Liebesakt zu verstehen, daß die Kraft, die den Impuls zu ihrer Liebe gab, immer Gotteskraft war. Die Frau wird wieder das weibliche Prinzip verkörpern, das annimmt und birgt. Der Mann wird wieder das männliche Prinzip verkörpern, das schöpft und schützt, und gemeinsam werden sie erneut eine Einheit bilden. Die ewige Sehnsucht wird ihre Erfüllung finden.

Von der Numerologie her ist die Karte der Sonne, mit der Nummer XIX, eine sehr mystische Zahl. Die Quersumme von 19 lautet 10. Die 1 symbolisiert die Einheit und die 0 den unendlichen Raum. So gesehen ist die 10 die Erfüllung und Vollendung der Schöpfung.

Der hebräische Buchstabe dieser Karte ist RESCH (Haupt). Wie der Kopf den Körper dirigiert, so werden eines Tages die positiven Eigenschaften die negativen überwiegen, und der Mensch wird doch durch das Nadelöhr (KOF, der Buchstabe der vorigen Karte) hindurchgehen. Voller Freude und Spannung erwartet ihn der Himmel.

Die Rune GEBO bedeutet Gabe und Geschenk. GEBO steht für Großzügigkeit und Gastfreundschaft. Wer freigiebig ist, zeigt, daß er fließen

XIX
Le Soleil
Die Sonne
The Sun
Il Sole
Luck
Love
Friends
Triumph

lassen kann. Durch das Geben öffnet er die Dämme, und es kann Überfluß und Freude in sein Leben eintreten. Zusätzlich symbolisiert GEBO auch das Mysterium der sexuellen Vereinigung und die Überwindung der Gegensätze.

Das astrologische Zeichen dieser Karte ist ebenfalls die Sonne, das Prinzip der Lebenskraft. Die Sonnenkraft läßt die passive Psyche der Erdengeschöpfe zur Tat erwachen. Überall, wo die Lebenskräfte steigen, wo der Tatwille in den Vordergrund tritt, da dominiert die Sonne. So weckt die Sonne den Menschen aus der Lethargie und begleitet ihn zur nächsten Stufe oder Karte, wo ihn Erwachen und Einsicht erwarten.

Soll ich dir ein großes Geheimnis verraten, mein Freund? Warte nicht auf das letzte Gericht: Es findet jeden Tag statt.

Albert Camus

XX. Das Gericht

Das Gericht, dem der geistige Sucher hier im Tarot begegnet, ist kein strenges oder gar strafendes Gericht, es ist vielmehr ein befreiender Zustand der Neugeburt. Durch die *Sonne* hat die alchemistische Wandlung den Menschenkörper so veredelt und verfeinert, daß die Wiedergeburt im Geiste stattfinden kann. Um die Meisterschaft zu erlangen, beschreitet der Eingeweihte einige Male den Weg des Todes und der Auferstehung, um immer klarer und durchlässiger zu werden.

Die Karte „Das Gericht" ist der Zustand der Wiederauferstehung nach dem initiatischen Tod. Der Mensch, der dieses durchlebte, weiß, daß jenes Erwachen nicht nur ihm persönlich dient. Da er gewissermaßen der Vertreter einer Familie, einer Gruppe oder einer Rasse ist, wird alles, was er zu verstehen oder zu erlernen vermag, auch den anderen dienen und nützen. So gesehen ist der spirituelle Pfad weder ein einsamer noch ein leichter Weg, sondern er zeugt von höchstem Verantwortungsbewußtsein sich selbst und den anderen gegenüber. Der Mensch auf dieser Stufe gehört keiner dogmatisch-exoterischen Religion mehr an, sondern er lebt die Einheit aller Religion – die wahre Welt-Religion – in sich.

Die Karte XX des Röhrig-Tarots zeigt eine wunderschöne junge Frau, die aus weit geöffneten und wissenden Augen liebevoll alles betrachtet. Vergleicht man die Karte „Die Hohepriesterin" mit der Karte XX, so wird man feststellen, daß auf beiden Karten die gleiche junge Frau abgebildet ist. In der Karte II hielt sie die Augen geschlossen, um ihr Geheimnis zu wahren, in der Karte XX sind ihre Augen ganz geöffnet. Sie ist aufgewacht, sie hat ihr Mysterium offenbart und hilft nun, andere zu erwecken, indem sie ihre Posaune ertönen läßt. Sie gleicht dem Erzengel Gabriel, der die Menschen aus ihrem Dornröschenschlaf zu neuem Bewußtsein erweckt.

Die linke Seite der Karte zeigt eine Reproduktion der Karte „Das Gericht", wie sie von Pamela Schmidt zum White-Tarot gezeichnet wurde: Ein Engel bläst in eine Posaune, aus der sieben Töne kommen. Im unteren Teil erkennt man rechts eine junge Frau, links einen Mann, in der Mitte einen Jungen. Alle drei sind aus ihren Gräbern des Bewußtseins aufgewacht, was durch ihre Nacktheit dargestellt wird – Nacktheit bedeutet im Tarot stets Bewußtsein. Die Gräber symbolisieren die Körperlichkeit, aus der die drei Menschen herausgewachsen sind. Die männliche Figur auf der linken Seite repräsentiert die Tradition: Alle philosophischen, religiösen, intellektuellen und gestalterischen Wege der Vergangenheit, die männliche Seite in uns. Die weibliche Figur auf der rechten Seite repräsentiert die Gefühle, das Herz, die anbetende Liebe und die Intuition, die weibliche Seite in uns. Der Junge in der Mitte vereint die beiden Aspekte von Vater und Mutter in sich, er ist daher reif für die Meisterschaft und bereitet sich auf sein vollkommenes Erwachen vor.

Die Karte XX trägt in sich die Aktualität unseres Jahrhunderts – das 20. Jahrhundert schreit nach dem Erwachen. Ein kollektives geistiges Aufwachen im Bewußtsein und in der Verantwortung der Umwelt und den Mitmenschen gegenüber, ohne Unterschied von Hautfarbe oder Rasse, wäre die einzige wahre und erstrebenswerte Aufgabe des einzelnen Menschen.

Der hebräische Buchstabe der Karte XX lautet SCHIN (Zahn). Der Mensch müßte ersticken, würden die Zähne nicht die Nahrung zerkleinern. So wird auch das menschliche Geschick in kleine Abschnitte unterteilt, und damit ist die Zeit geboren, die Stunden, die Jahre und die Jahrhunderte. Alles vollzieht sich nach einem großen Plan. Die Zeit entfaltet sich im geistigen Leben des Menschen. Nur Gott kennt alles, den Anfang und das Ende.

Die Rune PERHRO (Los oder Würfelbecher) ist der Karte XX zugeordnet. Die Schicksalsrune PERHRO symbolisiert das Spinnen der Nornen, die für Vergangenheit, Gegenwart und Zukunft stehen. Tatsächlich findet alles Schicksal im Reich der Runen immer gleichzeitig statt.

Das astrologische Zeichen der Karte ist Pluto gewidmet. Pluto ist der Gott der Unterwelt, der über das Reich der Toten herrscht. Er ist mit Tod und Verwandlung verbunden. Der Weg des Tarot führt den Eingeweihten nun der höchsten Vollendung entgegen, zu der folgenden Karte „Die Welt."

XX
• The Aeon •
Le Jugement •
• GERICHT •
DAS AEON •
Göttin Nuith
Hohe Urteilsfähigkeit
Offenheit gegenüber Kritik
kritische Selbstprüfung
Ganzheitliches Sehen
Das Auge des HORUS ist in der Lage
ganz heitlich zu sehen.

Gleich ist keiner dem anderen; doch
gleich sei jeder dem Höchsten. Wie das
zu machen? Es sei jeder vollendet in sich.

Johann Wolfgang von Goethe

XXI. Die Welt

Der Tarot-Weg neigt sich dem Ende entgegen. Der Sucher nähert sich der Lösung des Geheimnisses, der Erlösung aus dieser Welt. Oder ist es die Erlösung in dieser Welt?

Gleichgültig, auf welcher Ebene sich dieses Geschehen vollziehen mag, der Eingeweihte hat die Vollendung seines initiatischen Prozesses erreicht. Er verstand am Ende seines langen Weges: Es gab nie einen Weg, er war schon immer angekommen. Carlos Castaneda definierte die Welt als eine „getrennte Realität". Solange er (der Sucher auf dem Pfad) es so empfunden hatte, befand er sich auf dem Weg. In dem Augenblick, als der Schleier vor seinen Augen fiel und er die Wahrheit seines Geistes schaute, verstand er mit jeder Zelle seines Körpers, daß es nie eine Trennung gab und nie eine Trennung geben konnte. Er war und ist alles: Der Berg, der Fluß, der Baum, der Strauch, das Tier, der Vogel, der fliegt, sogar die kleine Ameise, die an seinem Fuß krabbelt. Er ist die ganze Schöpfung.

Dieses Verstehen wird ihm geschenkt in einem Augenblick der Gnade, die auch Erleuchtung genannt wird. Diese Erfahrung ist so tiefgreifend und erschütternd, daß sie nie mehr vergessen wird. Wenn er alles *ist* und immer alles *war*, dann wird deutlich, daß alles außerhalb seiner selbst auch er ist. Die Trennung, die Schmerz bewirkt, verschwindet, und er befindet sich inmitten der Einheit. Je mehr Menschen diese Erfahrung durchleben werden, desto mehr Liebe und Verständnis werden auf dieser Erde herrschen, da jeder im anderen einen Teil seiner selbst sehen wird. Intoleranz, Neid und Aggression werden verschwinden, da sie Ausdruck von „Nicht-Wissen" sind. Der Mensch, der *weiß*, wird diese Gefühle nicht mehr empfinden können. Nur Liebe, Toleranz und Verständnis gegenüber jedem lebenden Wesen wird in seinem Herzen Platz finden, und somit wird er zum „Ich bin" gehören.

Die Welt gleicht einem Karussell, einem ewigen Tanz. Nichts bleibt stehen, da Bewegung der Motor der stofflichen Welt ist, und aus dieser Bewegung entsteht das Leben. Wenn man auf der Stufe des „Nicht-Wissens" verharrt, kann man sich tanzend und drehend in der Welt verlieren. Ist man aber ein „Wissender" geworden, wird man zum Mittelpunkt der drehenden Bewegung und erfährt das ewige Leben.

Die ausdrucksstarke Karte XXI des Röhrig-Tarots zeigt eine Frau inmitten des grenzenlosen Universums. Eine Schlange hat sich um sie gewunden, aber sie verspürt keine Angst mehr vor der Kraft des Tieres, sie streichelt sie sogar, und das gezähmte Tier senkt als Zeichen der Ergebenheit sein Haupt. Die Frau wird umgeben von Bündeln größerer und kleiner Ketten; aber diese Ketten sind gebrochen. Dies zeigt an, daß die Frau frei von jeglichen Bindungen und Verpflichtungen ist, ihr Karma ist aufgelöst, und sie arbeitet freiwillig an der Erlösung dieser Welt. Ihre Augen sind geschlossen, aber sie kann alles Glück und allen Schmerz dieser Welt empfinden. Sie ist die befreite Eva oder die Wahrheit, die sich ohne Schleier zeigt. Jenseits des Schleiers offenbart sich das geheime Wesen allen Seins. Dieses Geheimnis zu kennen bedeutet, über das universelle Wissen zu verfügen und die sich daraus ergebende Macht zu erhalten. All dieses wird nur dem vollendeten Eingeweihten zuteil. Durchströmt vom göttlichen Licht erhebt sich der Mensch aus dem Zustand der Gefallenheit, um selbst zu Licht zu werden und das Rad der Wiedergeburt zu verlassen.

Die Welt verwirklicht den göttlichen Plan. Der Himmel öffnet seine Tore und schenkt das Verständnis für die Sinnhaftigkeit des immer wiederkehrenden Werdens und Vergehens. Alles Streben findet seine Erfüllung in der aktiven Beteiligung an den großen Prozessen des Lebens.

TAW (Zeichen) lautet der letzte Buchstabe des hebräischen Alphabetes. Zeichen im Sinne von Segnung, als Gottes Segen für die vollendete Aufgabe.

Die Rune der Karte XXI ist eine andere Form der Rune GEBO, die schon mit der Karte XIX verbunden war und Geschenk bedeutet. Hier steht sie aber für Gelingen und konstruktive Zusammenarbeit.

XXI
THE
UNIVERS
Le Mond
DAS UNIVERS
große Reisen
Befreiung
aus
Beendigung von
Karma
·Le Monde·

Saturn ist das astrologische Zeichen dieser Karte. Saturn als das Prinzip der Verlangsamung ist ein beschränkendes und hemmendes Prinzip, ein transzendierter Saturn jedoch bedeutet das Ende aller Beschränkungen und Bindungen.

Die Karte „Die Welt" ist die Karte der Erfüllung, das Ende des Pfades. Sie ist die Karte des Bewußtseins der Individualität, der göttlichen Seele im Einklang mit dem absoluten GEIST.

Die Hofkarten

Prinzessin der Stäbe
Elementare weibliche Feuerkraft. Impulsivität. Leidenschaft und Optimismus. Magnetische sexuelle Anziehungskraft. Instabilität. Lust und Laune. Gefühlsbetontheit. Kurzweilige Hingabefähigkeit. Unruhe und sexuelles Verlangen.

Prinz der Stäbe
Junge, dynamische Feuerkraft. Instabilität. Intensität und Leidenschaft. Junge Liebe. Ritterlichkeit. Feurige Verliebtheit. Rücksichtslosigkeit, Egoismus und Übermut.

Die Hofkarten

Königin der Stäbe
Reife weibliche Feuerkraft. Wille und Ausdauer. Durchsetzungskraft. Wärme, Reife und Tiefe. Liebesempfinden.

Ritter der Stäbe
Reife männliche Feuerkraft. Selbstbewußtsein. Ritterlichkeit. Sich für eine Idee, eine Aufgabe einsetzen. Dynamische Aktivität. Durchsetzungskraft. Feuriger Beschützer.

Prinzessin der Kelche
Gefühl, Empfindung und Intuition. Emotionale Freiheit. Einfühlungsvermögen. Anmut, Sanftheit und Verständlichkeit.

Prinz der Kelche
Phantasievolle Wunschträume. Sehnsüchte, Begierden und Verlangen. Möglichkeit der Transformation. Sensibilität, Romantik und ekstatische Wunschvorstellungen.

Königin der Kelche
Das Empfangende. Die empfindende reife Frau, die Mutter, die Gefährtin und die Geliebte. Zugang zur Urquelle des Wissens. Die Frau in ihrer stillenden, bergenden, tröstenden Funktion.

Ritter der Kelche
Der liebevolle, gütige Vater, Der fürsorgliche Ehegatte. Der feinfühlige und sensible Mann. Der Künstler und der Therapeut.

Prinzessin der Schwerter
Junge Luftenergie. Siegeswillen. Sprache als Waffe. Aggressives und einschneidendes Verhalten. Innere Rebellion.

Prinz der Schwerter
Sohn der Luft, dessen Waffe das Argument ist. Springen von einer These zur anderen. Leichtfertigkeit und Ungläubigkeit. Frei von Konventionen, kreativ und von tiefer Intuition.

Die Hofkarten

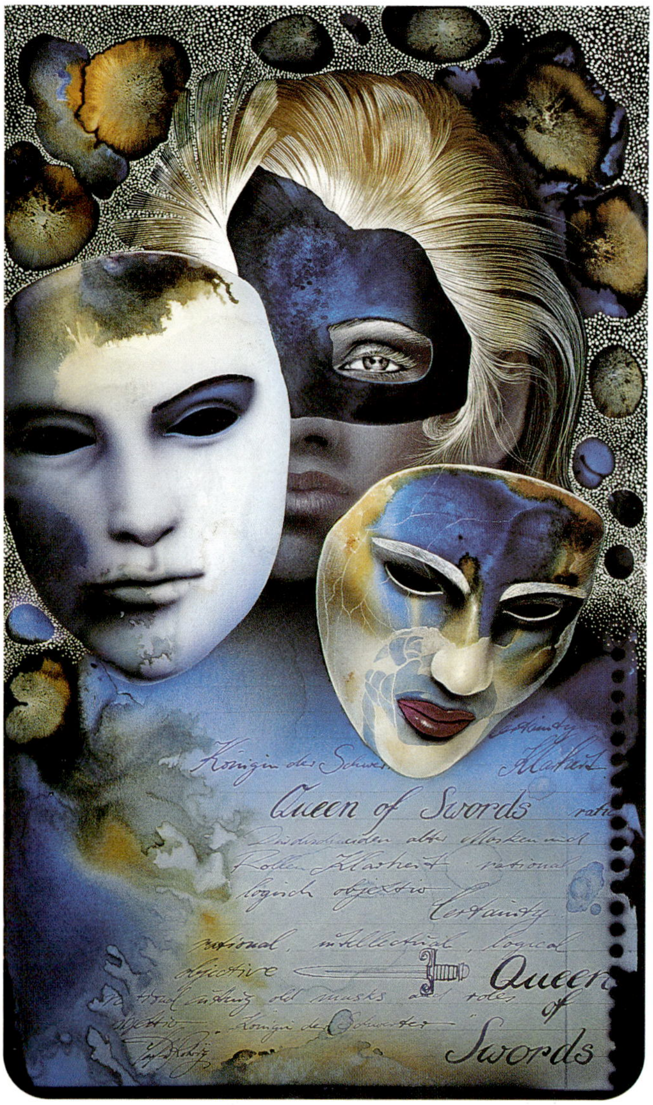

Königin der Schwerter
Rational, intellektuell denkende Frau, klug, souverän, unnahbar. Distanz und Gefühlskälte. Ablegen alter Masken und Rollen.

Ritter der Schwerter
Das abstrakte Denken. Die konstruktive Denkweise. Die schneidende Kritik. Kopflastigkeit und Ambitionismus. Revolutionär durch neue Synthesen.

Prinzessin der Scheiben

Mutterschaft. Liebe und Wärme. Erneuerung und Neubeginn. Fruchtbarkeit und Vermehrung.

Prinz der Scheiben

Das Aufbauen und die daraus resultierenden Folgen. Der Architekt und der Künstler. Energie, Tatkraft und Beharrlichkeit.

Königin der Scheiben
Der reife, frohe und fruchtbare Aspekt der Weiblichkeit. Alles steht zur Verfügung und über alles wird verfügt. Die an die Materie gebundene Frau.

Ritter der Scheiben
Der Patriarch. Das Ziel, weltliche Macht zu erlangen. Ausdauer, Wille und Intelligenz. Kompromißloses Verfolgen der eigenen Interessen. Geistige Interessen nach Erreichen des Zieles.

Die kleinen Arkana

Die großen Arkana symbolisieren die geistig-spirituellen Entwicklungsstufen, die schrittweise, auf verschiedenen Ebenen, durchlaufen werden und die Wandlung des Menschen vom Materiellen zum Geistigen kennzeichnen. Die kleinen Arkana stehen für die Begebenheiten des täglichen Lebens. Sie deuten die Partnerschaftsbeziehungen an, die sozialen Kontakte, die Arbeitswelt und die finanziellen Aspekte des Lebens.

Die kleinen Arkana sind in vier Gruppen von jeweils zehn Karten unterteilt, zu denen zusätzlich noch vier Hofkarten kommen, nämlich Ritter, Königin, Prinz und Prinzessin.

Die erste Gruppe trägt die Bezeichnung „Die Stäbe" und gehört zum Feuer-Element. Sie symbolisiert die Jahreszeit des Sommers. Die zweite Gruppe, mit dem Namen „Die Kelche", symbolisiert das Element Wasser und die Jahreszeit des Herbstes. „Die Schwerter" bilden die dritte Gruppe und sind dem Element Luft und der Jahreszeit des Winters zugeordnet. Die vierte Gruppe heißt „Die Scheiben" und gehört zum Element Erde sowie der Jahreszeit des Frühlings.

Der hermetische Orden der „Goldenen Dämmerung" (Golden Dawn) ordnete jeder Gruppe einen der vier Buchstaben des Göttlichen Tetragrammes JHWH zu. J (JOD) wird den „Stäben" zugeordnet und repräsentiert die primäre Energie, die Bewegung, die Begeisterung, die kreative männliche Kraft, das Feuer. H (HE) ist der Gruppe der „Kelche" zugeteilt und repräsentiert das Empfängliche, das Gefühl, die Empfindung, die passive weibliche Energie, das Wasser. W (WAW) gehört zur Gruppe der „Schwerter" und stabilisiert die Form; es repräsentiert den schneidenden Intellekt, die Intelligenz, das Männliche, die Härte, die Kommunikation und die Luft. H (HE) wird den „Scheiben" zugeteilt und repräsentiert die materielle Form, das Bewahren, das Aufheben, die Fruchtbarkeit, den Erfolg, aber auch die Spiritualität, den weiblichen Aspekt und das Element Erde.

Im Röhrig-Tarot spricht jede einzelne Karte der kleinen Arkana eine Sprache für sich, die kaum einer Übersetzung bedarf. Jede Karte teilt sich durch ihre Symbolik so lebendig und plastisch mit, daß unser Bewußtsein sofort die dahinter verborgene Botschaft erkennt. Nachfolgend wird eine kurze Erläuterung zu den einzelnen Karten gegeben.

Die Stäbe

AS der Stäbe
Der Beginn, der Ur-Anfang, das kreative Prinzip, Mut und Entschlossenheit.

2 der Stäbe
Schöpferische Energie, die darauf wartet, kanalisiert zu werden. Die Herrschaft über Kraft und Willen. Das Beherrschen der Situation.

3 der Stäbe
Die kanalisierte Energie führt zum Erfolg. Tugend, Integrität und Selbstvertrauen sind Voraussetzung.

4 der Stäbe
Vollendung, selbständiges Schaffen, Verfestigung des Erfolges.

5 der Stäbe
Herausforderungen und Kräftemessen. Die Bereitschaft, sich einer Situation zu stellen. Die Sehnsucht nach Harmonie und Erfolg.

6 der Stäbe
Erfolg, Anerkennung, Sieg durch Stärke. Kluges Handeln und Verhalten sichert den Erfolg.

Die Stäbe

7 der Stäbe
Kampf gegen Widerstände. Mut, Tapferkeit und Risikobereitschaft, die belohnt werden.

8 der Stäbe
Unmittelbar bevorstehendes Ereignis. Gute Nachrichten sind auf dem Weg, schneller als man denkt. Mißverständnisse weichen der Wahrheit. Überwindung von Hindernissen.

9 der Stäbe
Widerstand gegenüber neuen Erfahrungen. Ansammlung von Energie. Stärke, die richtig angewandt werden soll.

10 der Stäbe
Unterdrückung, zurückgehaltene Energie, unterdrückte Stärke. Bedrückende Schwere.

Die Kelche

AS der Kelche
Tiefste Erfüllung. Liebe in allen ihren Ausdrucksformen. Große Chance zur Selbstfindung.

2 der Kelche
Begegnung mit der Liebe, harmonische Zweisamkeit.

3 der Kelche
Fülle, Freude, Erfüllung und Dankbarkeit.

4 der Kelche
Luxus, Überfluß, der zum Unmut führt.

5 der Kelche
Abschied, Schmerz, Kummer, Trauer und Enttäuschung. Ein Ausweg muß gefunden werden.

6 der Kelche
Freude, sexuelle Lust, Erinnerungen an die Vergangenheit. Romantische Liebe.

7 der Kelche
Illusion, Täuschung über die eigenen Kräfte, Vorspiegelung falscher Tatsachen und Frustration.

8 der Kelche
Scheitern und Verlust. Abschied, Umkehr und Trägheit.

9 der Kelche
Sorglosigkeit, Genuß, Lebensfreude, Geselligkeit und kollegialer Teamgeist.

10 der Kelche
Höchste Sattheit, Harmonie, Einklang und Liebe. Erfolg in Beruf und Familie. Materieller Reichtum und Verstandenwerden.

Die Schwerter

AS der Schwerter
Die neue Chance. Klare Entscheidungen und befreiende Gedanken. Ein neuer Weg.

2 der Schwerter
Friede nach einer Auseinandersetzung.

Die Schwerter

3 der Schwerter
Liebeskummer, Sorgen und Kränkungen. Zweifel, Unklarheit.

4 der Schwerter
Erzwungene Ruhe. Sich selbst Ruhe gönnen. Stille.

5 der Schwerter
Niederlagen, Verlust, Verleugnungen und Demütigungen. Gefährliche Lage.

6 der Schwerter
Neue Horizonte. Wissenschaftliche analytische Denkweise führt zum Erfolg.

Die Schwerter

7 der Schwerter
Entmutigung und Vergeblichkeit. Eingebildete Hindernisse. Gleichzeitig die Möglichkeit, aus den Schwierigkeiten gereift hervorzugehen.

8 der Schwerter
Unentschiedenheit und Unentschlossenheit. Wahl zwischen zwei Möglichkeiten. Überwindung von inneren Hemmungen.

Die Schwerter

9 der Schwerter
Fanatismus und Selbstbestrafung. Grausamkeit sich selbst gegenüber. Alpträume durch Selbstverschulden.

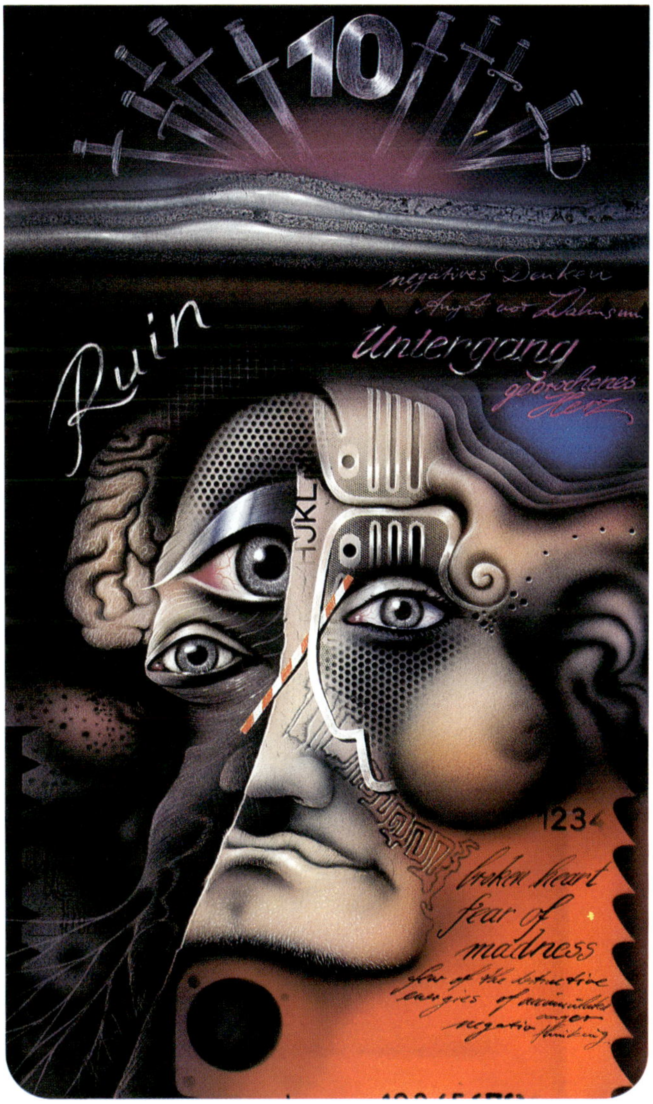

10 der Schwerter
Gewalt, Ende, Ruin und Untergang. Negatives Denken, Angst vor Wahnsinn.

Die Scheiben

As der Scheiben
Innerer und äußerer Reichtum. Größte Glückskarte der kleinen Arkana. Erfolg und Bestätigung. Auf dem Gipfel stehen.

2 der Scheiben
Anpassungsbereitschaft, Wechsel, Veränderung und Ausgleich.

Die Scheiben

3 der Scheiben
Erfolg nach bestandener Prüfung. Abschluß und Qualifikation. Mit Fleiß und Mühe erreichter Erfolg.

4 der Scheiben
Materielle Macht, übertriebenes Sicherheitsbedürfnis, Festhalten an bestehenden Vorstellungen.

5 der Scheiben
Krise, Beunruhigung von außen und wirtschaftlicher Engpaß.

6 der Scheiben
Belohnung und Erfolg. Ein Projekt findet Unterstützung. Man gewährt selbst Unterstützung. Gruppenerfolg.

7 der Scheiben
Untätigkeit muß überwunden werden. Schnelles Handeln ist die richtige Vorgehensweise.

8 der Scheiben
Erblühen von innerem und äußerem Reichtum. Weisheit und Kreativität.

9 der Scheiben
Glückskarte. Gewinn, Harmonie und Beglükkung.

10 der Scheiben
Gute Bezahlung, Reichtum und Fülle. Gute Gedanken und materieller sowie ideeller Erfolg.

Anstelle eines Nachworts oder die Fortsetzung des Live-Interviews mit Carl-W. Röhrig

Vorstellungen sind manchmal überflüssig. So zum Beispiel bei dem Künstler Carl-W. Röhrig, der längst ein Begriff ist und der heute wahrscheinlich zu den zehn erfolgreichsten Malern Deutschlands zählt, zu den Top-Ten. Jedenfalls hat er eine beispiellose Malerkarriere hinter sich (oder vor sich).

Konzentrieren wir uns also stattdessen auf seine *Botschaften,* die er transportieren will, und versuchen wir ein wenig in diesen Maler zu „kriechen". Verfassen wir dazu ein „Live-Interview", das so nie stattgefunden hat, aber das nach ausführlichen Recherchen über den Maler genauso hätte stattfinden können.

Zugegeben: das ist ein wenig ungewöhnlich. Aber ein Live-Interview besitzt den Vorteil, daß es gelesen wird. Im Gegensatz zu einem abstrakten, nüchternen Vor- und Nachwort.

„*Herr Röhrig,* einem unvoreingenommenen Beobachter könnten Sie fast wie ein Außerirdischer vorkommen, der die Aufgabe übernommen hat, auf Planet Erde eine gewisse Ästhetik, einen Farbschuß Freude und ein paar Farbkleckser Begeisterung zu injizieren. Und von all den Problemen ein wenig abzulenken. Was ist denn Ihrer Ansicht nach das Verrückteste auf diesem unseren blauen Planeten?"

Carl-W. Röhrig: „Nun, man könnte hierüber eine ganze Enzyklopädie verfassen. Aber es ist nicht immer weise, die Aufmerksamkeit nur auf das Negative zu legen. Anhand meiner Bilder können Sie sehr schnell sehen, daß ich etwas gegen Kriegshetzer habe. Gegen Atommüll. Gegen Umweltverschmutzung. Und gegen Drogen. Aber man sollte, wie gesagt, lieber die positiven Aspekte herausstreichen!"

– „Darauf kommen wir gleich noch zurück. Aber lassen Sie uns zunächst kurz Ihre Person ins Visier nehmen. Und Ihren erstaunlichen Bekanntheitsgrad. Eine offene Frage: Was ist Ihr Erfolgsgeheimnis?"

Carl-W. Röhrig: „Drei Aktionen haben mir geholfen: 1. Ich habe gemalt. 2. Ich habe sehr viel gemalt. 3. Ich habe außerordentlich viel gemalt."

– „Und was waren die Resultate?"

Carl-W. Röhrig: „1. Ausstellungen, 2. Ausstellungen, 3. Ausstellungen."

– „Um Ihre Erfolgsstory abzukürzen, werden wir an dieser Stelle Ihre Stationen in Stichpunkten einfach nüchtern vorstellen. Aber nennen Sie doch einmal einige Höhepunkte Ihrer Karriere?"

Carl-W. Röhrig: „Erfolg, der sich nach außen hin manifestiert, spiegelt selten das wider, worum es dem Künstler innerlich geht. Aber einverstanden, schwenken wir ein bißchen das Weihrauchfaß. Besonders gefreut haben mich ein halbes Dutzend Fernsehberichte, die sich der Themen angenommen haben, die mir besonders am Herzen liegen, nämlich ..."

– „Warten wir noch einen Moment, und spannen wir damit den Leser noch ein wenig auf die Folter. Warum erwähnen Sie nicht, daß einige Ihrer Kunstobjekte bereits über 100.000 DM kosten? Und daß für Ihre Gemälde 30.000, 40.000 und auch 50.000 DM gezahlt werden? In Ihrem Alter? Warum schweigen Sie sich weiter hartnäckig darüber aus, daß Ihre Gemälde in Island und Schweden, in Dänemark, England, Italien, in den USA, Spanien, in Südamerika, in China, in Japan und ein paar anderen Ländern mehr hängen?"

Carl-W. Röhrig: „Naja, wenn ich eine Botschaft mitzuteilen habe, so ist das relativ unwichtig.

Und ich möchte nur zum Ausdruck bringen ..."

– „Moment noch, so schnell kommen Sie uns nicht davon. Sie haben allein in Deutschland eine riesige Fan-Gemeinde. Die Gottschalks, Nena, Sascha Hehn, Heinz Sielmann, Genscher, der Bundestagsabgeordnete Freiherr von Schorlemer und eine ganze Latte von Prominenz „stehen" auf Sie. Ganz zu schweigen von Ihrem Duzfreund, dem Bestsellerautor Ha. A. Mehler. Sie malen und malten für den Stern, Geo, Spiegel, Globo, kurz die gesamte Top-Presse. Warum sind Sie so verflixt bescheiden?"

Carl-W. Röhrig: „Ich bin alles andere als bescheiden! Bescheidenheit ist doch nur ein beliebter PR-Trick, um noch mehr Aufmerksamkeit zu erregen. Aber wenn Sie mich endlich einmal zu Wort kommen lassen würden, könnte ich ..."

– „Sie sind Mitglied der National Geographic Society. Ihre Bilder hängen in Tokio, Los Angeles, New York und Kapstadt. Sie haben eine permanente Ausstellung in den Räumen der NASA. Aber einverstanden, hören wir damit auf ..."

„Herr Röhrig, wir bedanken uns auf das herzlichste für das Interview, das Sie uns nicht gegeben haben."

Carl-W. Röhrig: „Keine Ursache. Und wenn Sie wieder einmal keine Fragen haben, ich bin jederzeit bereit, keine Antworten zu geben ..."

Ha. H. Mehler
Idstein 1993

Kunstbücher aus dem Aquamarin Verlag

Marlene Maurhoff

Sulamith Wülfing

Keine religiöse deutsche Künstlerin fand eine weitere Verbreitung als Sulamith Wülfing. Ihre zauberhaft-verträumten Engel flogen in alle Welt. Kaum ein empfindsames Herz blieb unberührt von ihrer liebevollen Melancholie, die in unnachahmlicher Weise gleichsam die innere Befindlichkeit des Menschen ausdrückten, Bürger zweier Welten zu sein. Engel im Erdengewand, denen die Flügel des Geistes verlorengegangen waren. Mit dieser ausführlichen Biographie wird endlich der Schleier von einem außergewöhnlich erfüllten Leben gehoben. Es zeigt sich eine Künstlerin, deren Leben, von einschneidenden Schicksalsschlägen geprägt, getragen war von einer tiefen Spiritualität.

Sulamith Wülfing war eine echte Romatikerin – im Geiste eines Novalis – die die Allbeseeltheit der Schöpfung schaute und zeichnete. Die Biographie von Marlene Maurhoff verdeutlicht, auf welche außergewöhnliche Weise Leben und Werk der Sulamith Wülfing miteinander verbunden waren.

Ihre Botschaft verkündete Sulamith in ihren Bildern, und so bilden diese auch den Hauptteil dieses wunderschönen Kunstbandes. Alle großen Werke – und zahlreiche bisher unentdeckte Perlen – dokumentiert diese Biographie in vierfarbigen Bildtafeln. Es ist schlechthin die Würdigung ihres großen Lebenswerkes.

ISBN 3-89427-019-5

Heita Copony

Das Mysterium des Mandalas

Die Harmonie und er Zauber der vollkommenen Form, die das Mandala verkörpert, haben seit uralten Zeiten den Menschen fasziniert. Das Zusammenspiel von Farbe und Symbol offenbart eine kosmische Energie, die im Zentrum des Mandala manifestiert wird.

In der Neuzeit wurde die Mandala-Malerei von Heita Copony zur Vollendung geführt. Keine zweite Künstlerin des 20. Jahrhunderts verkörpert in ihrem Schaffen in solch meisterhafter Perfektion die Synthese von Inhalt und Form. In der Mitte des Mandalas, dem Zentrum des Seins, endet der Weg zur Selbstfindung des Menschen. Hier entdeckt er die Heilkraft der Farbenergien, der ruhenden Zentriertheit.

Heita Copony teilt in diesem großen Werk mystischer Malerei die jahrelange Erfahrung ihres künstlerischen und Pädagogischen Schaffens mit dem Leser. So zeichnet sich ihr Buch durch hilfreiche Praxisnähe und Anwendbarkeit aus. Sowohl die Beschreibung der Wirkungen von Farben und Formen, wie auch die konkreten Anleitungen zur kreativen Erarbeitung des eigenen Mandalas, erweisen sich als wertvolle Hilfsmittel für seelisches Wachstum.

ISBN 3-922936-73-3

Jan Semmel

Welten in Welten

Janus, der Gott der Einweihung, wird in vielen alten Schriften und Skulpturen mit zwei Gesichtern dargestellt, ein altes und ein junges; eins in die Vergangenheit schauend, das andere in die Zukunft. Er ist der Archetyp der Tür. Jener Tür, die wir in jedem Augen-blick durchschreiten, immer eine Vergangenheit hinter uns zurücklassend, um uns in die Zukunft zu richten. Es ist die Tür der Einweihung.

In unserem Buch ist jene Dualität der beiden Gesichter von Janus durch einen jungen Knaben dargestellt, der anfängt sich Fragen zu stellen über den Sinn des Lebens und durch einen alten Weisen der diesem Jüngling Antwort gibt in Form einer Vision. Diese Vision ist eine Einweihungsreise ins Innere durch ein Symbol in dessen Herzen das Wesen allen Seins verborgen liegt. Es ist das Symbol einer legendären Bruderschaft: Der Bruderschaft des Lichtes.

Der junge Janus konzentriert sich auf das Symbol über dem Herzen seines Großvaters und spürt, wie er langsam in es hineingezogen wird. Im Laufe dieser Reise geht er durch eine Reihe von Erlebnissen die ihm schließlich einen der wichtigsten Schlüssel des großen Geheimnisses des Lebens bewußt machen:

Wie oben, so unten!

ISBN 3-89427-011-X